Piccoli e Grandi *manuali*/ 42

Piccoli e Grandi
manuali

Cheryl Tuttle, Penny Paquette
So scrivere!

Dorothée Kreusch-Jacob
La fabbrica dei suoni

Gisela Preuschoff
Come capire e risolvere le paure dei bambini

Cheryl Tuttle, Penny Paquette
So contare!

Evi Crotti, Alberto Magni
Come interpretare gli scarabocchi

Paola Santagostino
I perché dei nostri bambini

Jean-Claude Olivier
Giochi di lotta

Erina Fazioli Biaggio
Bambini davanti alla TV

Earl A. Grollman
Perché si muore?

Helga Gürtler
I bambini hanno bisogno di regole

Hermann Krekeler
Che disordine!

Vicki Lansky
Come dire al vostro bambino 'Ti voglio bene'

Paola Santagostino
Come crescere un bambino sicuro di sé

Annegret Weikert
Piccoli riti di ogni giorno che aiutano a crescere

Vicki Woolf
Giochi di movimento con i nostri bambini

Vicki Lansky
Come essere una mamma davvero speciale

Vicki Lansky
Come essere un papà super

Gisela Eberlein
Le fiabe che rilassano

Nessia Laniado
Mamma, me lo compri?

Nessia Laniado
Parolacce e rispostacce

Nessia Laniado, Gianfilippo Pietra
Le bugie dei bambini

Barbara Briddock
Genitori felici e bambini contenti

Nessia Laniado, Gianfilippo Pietra
Rubabandiera

Nessia Laniado
Come insegnare l'intelligenza ai vostri bambini

Evi Crotti, Alberto Magni
Bambini e paure

Nessia Laniado
Mamma, non ho sonno

Nessia Laniado
Bambini irrequieti e genitori disperati

Nessia Laniado
Bambini gelosi

Nessia Laniado, Gianfilippo Pietra
Mio figlio mangia solo schifezze!

A cura di Arve Mathisen
Come sviluppare tutti i talenti del bambino

Grazia Honegger Fresco
Essere nonni

Pam Spurr
Mamma, ho fatto un sogno

Pierre Poquet, François Gardair
Giochi, giocattoli e carezze

Nessia Laniado
Quando mamma e papà lavorano molto

Evi Crotti, Alberto Magni
Colori

QUESTO LIBRO

Saper affrontare senza timori il nuovo, l'ignoto, la sorpresa. Ecco che cos'è oggi l'intelligenza. Questo libro presenta le condizioni che il professor Reuven Feuerstein, celebre in tutto il mondo per aver dimostrato che l'intelligenza si può insegnare, considera fondamentali perché un bambino acquisisca la flessibilità mentale necessaria ad affrontare le sfide di un mondo senza sicurezze: capacità di attenzione, proprietà di linguaggio, pensiero logico e simbolico, forza creativa, consapevolezza del ricordo, attitudine alla ricerca.

Ricco di racconti di vita vissuta, è un 'viaggio' appassionante alla scoperta della mente del bambino, da quando pronuncia le sue prime parole a quando comincia a porre domande più audaci. Uno strumento prezioso per imparare a riconoscere e stimolare le potenzialità dei nostri figli nel rispetto del loro mondo affettivo e fantastico.

L'autrice

Nessia Laniado, giornalista, ha seguito studi di filosofia e psicologia ed è esperta di storia della gastronomia.
Già direttore di 'Donna e Mamma' e 'Insieme', oltre che caporedattore di 'Nuova Cucina', è autrice di opere a carattere divulgativo sulla salute. Con Gianfilippo Pietra ha scritto *Alimenti super della salute*, pubblicato da red nella collana 'L'altra medicina'.

Suoi sono anche *Mamma, me lo compri?*, *Parolacce e rispostacce*, *Le bugie dei bambini*, *Rubabandiera*, *Come insegnare l'intelligenza ai vostri bambini*, *Mamma, non ho sonno*, *Bambini irrequieti e genitori disperati*, *Mio figlio mangia solo schifezze!*, *Bambini gelosi*, *Quando mamma e papà lavorano molto,* tutti pubblicati da red in questa stessa collana.

Revisione redazionale di Angela Giaccardi.

Piccoli e Grandi
Periodico mensile registrato con il numero 18/89 presso il Tribunale di Como; numero 42/2003.
Direttore responsabile: Silvano Boroli.
Fotocomposizione: Graphostudio, Milano.
Stampa: Tecnografica Milanese, Pieve Emanuele (MI)

Anno 07 06 05 04 03
Edizione VI V IV III II I

www.red-edizioni.it
info@red-edizioni.it

Nessia Laniado

Come stimolare
giorno per giorno
l'intelligenza
dei vostri bambini

edizioni
red!

Perché questo libro

Come sarà da grande? Quale lavoro farà? Avrà un matrimonio felice? Una vita avventurosa? Riuscirà a seguire gli studi? Incontrerà persone che gli faranno del male? Saprà realizzare le sue aspirazioni?
Le domande si affollano; si aprono su scenari sereni e rassicuranti, ma più spesso sollevano paure irrazionali.

Dopo esserci inutilmente macerati con quesiti senza possibilità di risposta sul futuro dei nostri figli, torniamo a noi stessi, e tutti i nostri sogni, desideri e apprensioni si riducono a una sola, realistica, domanda: che cosa possiamo dare loro perché abbiano una vita piena e felice? Soldi? Non sono tutto. Un'istruzione superiore? Può servire, ma non basta. Un matrimonio riuscito? Dipende da troppe circostanze.

A prescindere dalla miscela di fortune, sventure e occasioni che la sorte potrà stabilire, che cosa possiamo fare, *adesso,* in modo che 'se la cavino sempre', riuscendo ad affermare se stessi senza sopraffare gli altri? Ed ecco che, nella stessa domanda, troviamo la risposta.

Saper ragionare con la propria testa

Ciò che possiamo offrire ai nostri bambini è, appunto, la capacità di cavarsela in ogni situazione, la sicurezza di saper trovare le risorse per superare le condizioni più ostili e difficili, la creatività per inventarsi soluzioni anche quando un problema sembra insolubile.
Gli psicologi sostengono che questo atteggiamento si impara durante l'infanzia.

«Un tempo, fino a non troppi anni fa,» racconta Alberto Oliverio, professore di Psicobiologia all'Università La Sapienza di Roma, «l'apprendimento di un mestiere o di una professione forniva nozioni che duravano tutta la vita. Oggi le cose sono molto diverse: in un mondo che cambia rapidamente dobbiamo non solo aggiornare di continuo le nostre conoscenze, ma anche cancellare le nozioni superate e rivoluzionare le nostre strutture mentali. Nel diluvio di informazioni che ci sommergono, dobbiamo selezionare quelle davvero indispensabili, adattandoci a novità e trasformazioni. Insomma, il mondo, quello del lavoro, del tempo libero, delle relazioni sociali, ci obbliga a continuare a imparare per tutta la vita.»

Bambini s-confinati

Solo 20 anni fa Internet, TV satellitare, cibi transgenici erano parole sconosciute. Oggi i bambini le conoscono ancor prima di andare all'asilo; i confini tra culture, popoli, appartenenze sociali e religiose si spostano, e anche lo spazio ha smesso di essere un ostacolo: quelli che una volta erano concetti semplici, come *vicino* e *lontano*, ora non lo sono più.
'Vicino' non è soltanto il luogo di ciò che è familiare e noto, e 'lontano' non è più lo spazio in cui si entra di rado, che racchiude cose sconosciute: per conquistarlo basta una frazione di secondo, un impulso sul telecomando.
Ecco perché gli esperti parlano di bambini *s-confinati*, privi della capacità di orientarsi, ed ecco perché diventa ormai indispensabile padroneggiare la capacità di *imparare a imparare.*

Saper ragionare con la propria testa e mettere a frutto i propri talenti, allora, non è un'opzione, ma un obbligo verso noi stessi e gli altri. Significa valorizzare il patrimonio che ci è stato concesso per comprendere il mondo in cui viviamo e fare del nostro meglio per migliorarlo.
Per noi genitori, significa donare ai propri figli gli strumenti per comprendere, scegliere, aprirsi, mostrarsi flessibili, curiosi e indagatori senza temere di affrontare il nuovo nei suoi segni contraddittori e complessi.
In altre parole, si tratta di offrire loro quella che Giorgio Olimpo, dell'Istituto per le tecnologie didattiche del Consiglio nazionale delle ricerche di Genova, chiama «la nuova capacità dell'individuo di rapportarsi al sapere».

Non solo vitamine

Ma come si trasmette a un bambino l'arte di possedere la fantasia necessaria ad affrontare l'imprevisto e il nuovo?
A volte, osservando i nostri piccoli, li vediamo maldestri, confusi, creduloni o, al contrario, talmente sicuri delle proprie piccole verità da non voler nemmeno ascoltare.
Possiamo forse cambiarne il carattere? Iniettare in loro dosi di 'intelligenza' come li imbottiamo di vitamine?
In un certo senso sì.
Se si risale alle radici latine della parola, *intelligenza* deriva da *intendere*, vale a dire *tendere verso*, essere aperti al nuovo, all'ignoto, alla sorpresa.

È quanto propone questo libro, che si offre come una guida semplice e chiara, ricca di esempi concreti, aggiornata sulle ultime ricerche scientifiche, per arricchire, nella vita di tutti i giorni, il mondo affettivo e l'intelligenza dei nostri figli rispettandone le aspirazioni.

Nel libro *Come insegnare l'intelligenza ai vostri bambini* (pubblicato da red edizioni, in questa stessa collana, nel 2002), abbiamo presentato i principi di Reuven Feuerstein, professore di Psicologia e Pedagogia, celebre in tutto il mondo per aver dimostrato una cosa tanto semplice quanto rivoluzionaria: l'intelligenza può essere insegnata.
In questo volume proponiamo i suoi suggerimenti che ognuno di noi può applicare in qualsiasi momento, per potenziare le doti dei bambini e portarne alla luce i talenti.
Come vedremo, non si tratta di dare 'lezioni di intelligenza', ma di saper cogliere nei gesti quotidiani le infinite occasioni per arricchire di pensieri, conoscenze, emozioni, ricordi, domande, simboli, parole, la vita dei nostri figli.

«L'effetto cumulativo di tutti questi frammenti di messaggi è straordinario e sbalorditivo», afferma Reuven Feuerstein.
E i risultati che ottiene in tutto il mondo ne sono la prova.

Che cosa è cambiato nel concetto di intelligenza

Nonno di mamma dice che non c'è bisogno di mandarmi all'asilo perché io sono più intelligente. Papà allora grida: «Ma più intelligente di chi?»
(Elena, 5 anni)

Per molto tempo si è pensato che l'intelligenza si esprimesse principalmente nelle capacità verbali o logico-matematiche.
Il celebre *IQ Test* (*Intelligence Quotient Test,* Esame del Quoziente Intellettivo) si basa su questo presupposto.

Un bambino è appunto considerato più o meno intelligente se, rispetto ai suoi coetanei, ha maggiori capacità verbali, logiche o matematiche. Al bambino 'normale' viene attribuito un punteggio di 100; chi ottiene un punteggio al di sopra di 130 è considerato 'dotato' (circa il 5% di tutti i bambini), e solo l'1% dei 'superdotati' riesce a ottenere un punteggio superiore a 140.

Sbobba, minestra e IQ

Seppure usato ancora oggi, l'*IQ Test* non gode più come in passsato di assoluta credibilità.
Le polemiche più roventi furono portate avanti negli anni Sessanta negli Stati Uniti, da parte delle minoranze che si vedevano negare posti nella pubblica amministrazione perché molti di loro non ottenevano il punteggio adeguato. Le capacità verbali, si diceva, non sono un criterio corretto per misurare l'intelligenza.
Un bimbo del ghetto non è meno intelligente per il solo fatto che chiama *sbobba* la minestra.
Anche gli psicologi cominciarono ad avere dubbi sull'effettiva capacità dei test di misurare l'intelligenza.

Si iniziò a mettere in discussione il concetto di *età mentale*: un bambino non è intelligente solo perché ragiona come se fosse più grande di qualche anno, ma perché ha un modo creativo, originale e personale di affrontare i problemi.

Scienziati in difficoltà

Quando, nel lontano 1921, gli editori del 'Journal of Psychology' chiesero ai maggiori esperti del momento di fornire una definizione dell'intelligenza, 6 degli interpellati, saggiamente, preferirono non rispondere.

Altri si arrabattarono a fornire definizioni vaghe, incomplete o confuse: per esempio capacità di dare risposte corrette, di realizzare un ragionamento astratto, di conoscere e di utilizzare tutte le conoscenze che si possiedono...

Louis L. Thurstone, dell'Università di Chicago, un pioniere dei test psicologici, propose, negli anni Trenta, una definizione che coglieva una caratteristica essenziale: l'intelligenza consiste nella capacità di adattarsi adeguatamente alle situazioni. E questo, secondo quanto dice Thurstone, esige la messa in atto di una serie di comportamenti:

- evitare di agire d'istinto;
- riflettere prima di passare all'azione;
- analizzare la situazione;
- fare paragoni con il passato modificando la propria risposta secondo le esperienze già fatte;
- scegliere l'azione che più contribuisce in modo positivo alla comunità in cui si opera.

L'intelligenza: una dote che si insegna

Reuven Feuerstein, professore emerito di Psicologia e Pedagogia all'Università di Bar Ilan in Israele e docente al George Peabody College, della Vanderbilt University di Nashville (Tennessee, Stati Uniti), racconta: «Era appena terminata la seconda guerra mondiale, quando ebbi l'incarico di occuparmi di 500 orfani, superstiti dell'Olocausto, con problemi di apprendimento per i gravi traumi subiti. Furono sottoposti al test di intelligenza. I risultati furono disastrosi. Il loro quoziente intellettivo, nella quasi totalità dei casi, non superava i 70 punti. Stando ai risultati, dovevano essere considerati deficienti. Non era possibile, mi dissi, ci doveva essere qualcosa di sbagliato nei test e nella nostra definizione di intelligenza...»

Da quel giorno, Reuven Feuerstein non ha smesso di studiare le caratteristiche dell'intelligenza e i modi per potenziarla.
Contrariamente a quanto affermavano le teorie del tempo, sostenne che l'intelligenza non è un bagaglio genetico che non può essere mutato, un dato irreversibile con cui si nasce, come il colore degli occhi. All'opposto, è una capacità dinamica che si sviluppa, cambia, e, con interventi opportuni, può migliorare e crescere.
Insomma, si può insegnare!

Oggi gli studi più recenti hanno confermato le sue intuizioni e, dopo anni di ostracismo, una delle più grandi autorità in materia, il professor Robert Sternberg, docente di Psicologia e Didattica presso la Yale University, nel Connecticut (Stati Uniti), dice di lui: «Feuerstein verrà certamente ricordato come una delle maggiori figure del XX secolo nello studio delle capacità umane».

I 'ricci' e le 'volpi'

L'intelligenza, sostengono oggi gli studiosi, è una funzione complessa che consiste in un grappolo di abilità diversificate, come la capacità di risolvere problemi matematici, di palleggiare il pallone o di intuire la situazione psicologica di una persona.

Già 2700 anni fa, il poeta lirico greco Archiloco aveva fatto una distinzione tra i 'ricci' e le 'volpi' per indicare due diversi tipi di intelligenza. I 'ricci' hanno un'intelligenza monolitica che applicano testardamente a qualsiasi problema. Le 'volpi' sono invece flessibili e multiformi, posseggono una varietà di competenze e capacità che si esprimono nei modi più impensati.

L'intelligenza del matematico e quella del calciatore

La teoria dell'intelligenza multipla è stata riproposta nel 1983 da Howard Gardner, professore di Pedagogia all'Università di Harvard negli Stati Uniti, una tra le più prestigiose del mondo.
Perché, si domandò Gardner, bambini che ottengono risultati sbalorditivi nei test di intelligenza risultano spesso, più tardi nella vita, persone mediocri e opache? E come mai bambini considerati di modeste capacità o addirittura definiti come 'deficienti' improvvisamente sbocciano come fiori nel deserto, ottenendo risultati strepitosi nel campo dell'industria, della musica, della letteratura o della psicologia?

Evidentemente, i test classici non riescono a misurare tutti i modi con cui si manifesta l'intelligenza. Si limitano a determinare le capacità logiche, verbali e matematiche, ma ignorano completamente altri aspetti: le potenzialità artistiche, l'attitudine alla drammatizzazione, le capacità manageriali, l'abilità di percepire gli stati psicologici.

L'intelligenza, sostiene Gardner, è multipla: può essere linguistica, logico-matematica, musicale, può riferirsi all'organizzazione degli spazi o manifestarsi sotto forma di abilità corporee, introspettive, comunicative, oppure di indagine nel mondo della natura.
Queste forme, non necessariamente interdipendenti, spiegano le straordinarie capacità del matematico, ma anche quelle dell'artista, dello psicologo, del ballerino, del campione di calcio o del biologo.
L'elenco, riportato nel dettaglio in queste pagine, non è definitivo né completo, e serve unicamente a darci un'idea di un fenomeno dinamico e vitale che non dovrebbe essere 'congelato' in una classificazione, la quale, inoltre, può essere discutibile anche per altre ragioni. Non riserva, per esempio, un posto particolare alla creatività, e forse sancisce suddivisioni non necessarie, come per esempio quella tra intelligenza introspettiva e interpersonale, che molti oggi chiamano semplicemente *intelligenza emotiva*.
Il suo merito però è di avere esteso il concetto di intelligenza a campi che tradizionalmente erano trascurati.

Di che intelligenza sei?

Ecco l'elenco degli otto tipi di intelligenza proposto da Howard Gardner, professore di Pedagogia all'Università di Harvard (Stati Uniti).

1. *Intelligenza linguistica*: la capacità di utilizzare e comprendere il linguaggio.
2. *Intelligenza logico-matematica*: la capacità di ragionare in modo corretto e di tradurre un problema in termini matematici.
3. *Intelligenza spaziale*: la capacità di saper organizzare uno spazio, come quella necessaria a un architetto per ideare un edificio o ad uno scultore per modellare una statua.
4. *Intelligenza cinetica*: la capacità di muovere in modo appropriato il proprio corpo, tipica per esempio di una danzatrice, di un calciatore o di un cultore di arti marziali.
5. *Intelligenza musicale*: espressa non solo da chi suona uno strumento, ma anche dal compositore o dal direttore d'orchestra.
6. *Intelligenza interpersonale*: caratteristica di tutti coloro che sono capaci di comunicare, gestire il personale, guidare e consigliare altre persone, come psicologi, leader politici o manager.
7. *Intelligenza introspettiva*: caratteristica delle persone capaci di sviluppare una profonda conoscenza di se stessi e dell'animo umano, come poeti, scrittori, mistici, filosofi.
8. *Intelligenza naturista*: si riferisce alla capacità di comprendere e interpretare i fenomeni del mondo naturale come accade per biologi, ecologisti, botanici, agricoltori... Questo tipo di intelligenza è stato l'ultimo a essere aggiunto dal professor Gardner.

Se accettiamo la teoria di Gardner, in un'ipotetica scuola un insegnante potrebbe assegnare un tema dal titolo, per esempio, *La primavera*, e considerare accettabili una poesia, un disegno, una composizione musicale, il calcolo dell'inclinazione terrestre tra il solstizio invernale e quello estivo, una digressione sulla flora primaverile...

Si darebbe, in tal modo, a ciascun bambino una maggiore possibilità di esprimere e sviluppare i suoi talenti secondo le peculiarità del suo patrimonio intellettivo.

E noi, come genitori, non avremmo alcuna remora a incoraggiare le diverse inclinazioni dei nostri figli, e smetteremmo di considerare segno di scarsa intelligenza il fatto di non essere incasellabile negli schemi accademici tradizionali.

Chi può misurare ciò che 'potresti' fare?

Se è fondamentale riconoscere le potenzialità intellettive dei bambini, dando risalto a capacità che, tradizionalmente, sono state considerate minori, ancora più importante è sapere che queste non sono un patrimonio che si riceve al momento del concepimento senza la possibilità di modificarlo e di svilupparlo. Tutt'altro.

Non si nasce intelligenti. Letteralmente: lo si diventa.
L'intelligenza continua a crescere ben oltre il momento della nascita ed è possibile potenziarla, svilupparla, rafforzarla allo stesso modo in cui potenziamo, sviluppiamo e rafforziamo i muscoli. E proprio come siamo portati a impegnarci per far irrobustire un bambino gracile, allo stesso modo dobbiamo fare ancora di più con un bambino che ha difficoltà cognitive.

Fino a non molto tempo fa un'affermazione di questo tipo sarebbe stata considerata assurda e priva di qualsiasi fondamento.
Oggi è sostenuta da una massa di dati scientifici la cui validità non può essere messa in dubbio.
L'intelligenza si sviluppa e cresce così come si rafforzano le braccia e le gambe, man mano che il bambino diventa grande.

Secondo i risultati di un numero di studi sempre più vasto, lo sviluppo delle potenzialità del cervello, che inizia fin dai primissimi giorni del concepimento, non solo non si interrompe al momento della nascita, ma continua almeno fino ai 20 anni, e raggiunge il massimo attorno ai 10 anni di età.
Per questo motivo, molti studiosi preferiscono parlare di *potenziale* intellettivo, per sottolineare le possibilità dell'intelligenza di crescere e di svilupparsi.

L'intelligenza emotiva

Sebbene il termine *intelligenza emotiva* sia stato per anni utilizzato da numerosi ricercatori, è diventato di moda solo nel 1995, quando il libro *Emotional Intelligence* del giornalista americano Daniel Goleman apparve sulla copertina di 'Time Magazine'.
Per un anno il libro di Goleman rimase nella lista dei best seller pubblicata dal 'New York Times' e fu venduto in tutto il mondo; in Italia è uscito appunto con il titolo *Intelligenza emotiva* (Rizzoli, Milano, 1995).

Riconoscere che l'intelligenza potesse esprimersi non solo risolvendo equazioni, ma anche essendo attenti alle proprie e alle altrui emozioni descriveva evidentemente un fenomeno di cui un gran numero di persone era consapevole e che, nell'era della comunicazione di massa, aveva acquistato sempre maggiore rilevanza. Psicologi, psichiatri, assistenti sociali, manager, operatori della sanità, e inoltre giornalisti, pubblicitari, attori, presentatori televisivi devono possedere un elevato livello di empatia, la capacità di esprimere le proprie emozioni e di immedesimarsi con quelle degli altri.

A 3 anni si ragiona più che a 30

Michael Merzenich, ricercatore dell'Università della California a San Francisco, spiega: «Il cervello del neonato è come un computer che, dopo essere stato acceso, inizia per conto suo a creare nuovi programmi e nuove funzioni. È una macchina che crea le proprie capacità! Quando il bambino raggiunge i 3 anni, il suo cervello ha molte più connessioni di quelle che potrà mai adoperare. Inizia allora un processo di selezione che elimina i collegamenti meno usati per dare spazio alla crescita delle connessioni più utilizzate. Ed è a questo punto che il ruolo del genitore diventa cruciale nell'aiutare il bambino a rafforzare le connessioni più utili per il suo sviluppo intellettivo».

Le affermazioni di Michael Merzenich sono confermate da numerose ricerche. Dalle registrazioni dell'attività cerebrale, risulta che il cer-

vello di un bambino di 3 anni è due volte più attivo di quello di una persona adulta.
Ogni cellula del cervello, o neurone, si collega a migliaia di altre cellule, fino a oltre 15 000, creando così una fantastica rete di interconnessioni.
Se il bambino utilizza questi legami ripetutamente, nella sua vita quotidiana, essi diventeranno parte permanente della rete dei circuiti cerebrali. Se, invece, non li usa, o vi ricorre solo saltuariamente, saranno messi da parte.

Ecco perché le *esperienze* giocano un ruolo essenziale nel determinare lo sviluppo del cervello: per gestirle, ogni individuo crea i suoi percorsi individuali.

Il cervello di un bambino sordo, per esempio, manca completamente dell'esperienza necessaria a stabilire le connessioni indispensabili per l'interpretazione dei suoni. Come può interpretare quello che gli altri vogliono comunicargli?

Decide allora di seguire un percorso diverso, sviluppando altre aree cerebrali per affinare, per esempio, la capacità di interpretare il movimento delle labbra della persona che parla.
Da questi dati risulta che la struttura del cervello del bambino viene influenzata dalle diverse esperienze, che stimolano lo sviluppo di alcune capacità piuttosto che altre.
Lo provano i risultati ottenuti da Reuven Feuerstein in situazioni considerate irreparabili.

La storia di Alex

Il giornalista Cristoforo Mattei su 'Selezione del Reader's Digest' dell'agosto 2001 racconta la storia di Alex.

A 16 anni Alex faceva fatica a portare la forchetta alla bocca, aveva un quoziente di intelligenza molto basso e un vocabolario rudimentale: lettere e numeri non significavano nulla per lui.
I medici non credevano nella possibilità di un suo miglioramento significativo, perché aveva soltanto mezzo cervello. L'emisfero sini-

stro gli era stato asportato chirurgicamente quando aveva 8 anni, nel tentativo di eliminare gradualmente i farmaci che doveva prendere per controllare le crisi epilettiche.
In Gran Bretagna, il Paese di Alex, alcuni specialisti avevano escluso che il bambino potesse mai imparare a leggere e scrivere. Poi, la mamma di Alex sentì parlare del professor Reuven Feuerstein, uno psicologo israeliano che aveva operato miracoli con casi apparentemente disperati, e gli portò Alex, che trascorse 2 anni con lui a Gerusalemme.
Ho conosciuto Alex nell'estate dello scorso anno: un ragazzo di 19 anni con una criniera di capelli tinti di giallo, che mi salutò con una cordiale stretta di mano. Porgendogli un ritaglio preso da una rivista, gli chiesi: «Ti dispiacerebbe leggermelo?»
«Certo che lo leggo! » rispose, e inforcò gli occhiali. «Se vi capiterà di incontrarlo,» recitava il testo, «vi accorgerete che Alex non ha nulla di particolarmente speciale o insolito, a parte una voglia sulla fronte che sembra uguale a quella di Michail Gorbaciov, l'ultimo presidente dell'Unione Sovietica.» Era la sua fotografia, e lui vi si riconobbe con un sorriso.
A Gerusalemme il bambino con mezzo cervello aveva imparato non solo a leggere, ma anche a scrivere e a fare elementari operazioni di matematica.

Abolire il pregiudizio

«È ora di smettere di misurare ciò che non è misurabile, ed è ora di potenziare ciò che è potenziabile», sostiene Reuven Feuerstein.
Ciò significa che le differenze genetiche non influiscono sulle capacità di una persona?
Certo, i geni contano e impongono dei limiti su alcune prestazioni, risponde il professore, tuttavia è falso sostenere che i fattori genetici siano determinanti: «Fino a quando questo pregiudizio non verrà abolito, moltissimi ragazzi rinunceranno ad aspirazioni che sono invece del tutto realizzabili, purché essi siano sostenuti e incoraggiati nei loro sforzi. È stato ormai ampiamente dimostrato che, salvo rare eccezioni, i fattori genetici, rispetto a quelli ambientali, hanno un'influenza molto più limitata».

Lo sapevate che...

- «Il test di intelligenza ti dice se stai andando a 40 o a 100 km l'ora, ma non svela niente del tuo motore, cioè del cervello e delle sue reali possibilità.»
Così era solito dire lo psicologo americano Lewis Terman (1877-1956), l'ideatore, nel 1916, dello Stanford-Binet Test, uno dei più celebri e più diffusi test per la misura dell'intelligenza.
I test oggi in uso misurano la cosiddetta *intelligenza accademica*, utile per andare bene a scuola.
Eppure, la relazione tra i risultati del test e quelli accademici è debole: si stima che sia dello 0,5%, mentre è ancora più basso il rapporto con il successo nel lavoro: solo lo 0,2%.
Del tutto fallimentare è stato il tentativo di misurare la creatività.
Nessuno dei test ideati a questo scopo è riuscito infatti a misurare gli aspetti più elusivi dell'intelligenza, come per esempio l'intuito, la fantasia, la formulazione di problemi insoliti.

- Se Einstein fosse stato sottoposto a un test di intelligenza quando era piccolo, sarebbe stato considerato stupido: fino a 4 anni non aveva pronunciato una parola e, alle elementari, i suoi voti non erano certo brillanti.

- Esperimenti condotti negli anni Sessanta dallo scienziato americano Mark Rosenzweig su topi di laboratorio dimostrano che l'anatomia e la chimica del cervello cambia quando si è esposti a un ambiente stimolante.
Rosenzweig distribuì i suoi topi in due gruppi di gabbie.
Nelle prime gabbie, i topi non avevano alcun gioco e quindi si annoiavano dalla mattina alla sera.
Nelle altre avevano a loro disposizione giocattoli come palline e ruote girevoli.
In seguito, la corteccia cerebrale dei topi giocherelloni risultò più spessa, più pesante e con un numero maggiore di ramificazioni (dendriti) neuronali, mentre quella dei topi oziosi non mostrava alcun cambiamento.
Quello che maggiormente sorprese i ricercatori fu lo scoprire che perfino i topi in età avanzata si erano avvantaggiati dall'esposizione agli stimoli anche se, per ricavarne un beneficio, avevano richiesto tempi più lunghi.

- I ricercatori dell'Università di Princeton sono riusciti a provare non solo che è possibile rigenerare nuove cellule cerebrali dopo la nascita, ma che la loro crescita dipende da tre fattori: gli stimoli che il bambino riceve dall'ambiente, le attività di apprendimento e bassi livelli di stress.

Le affermazioni di Feuerstein sono confermate da quanto è scritto nel rapporto dei PSR, Physicians for Social Responsibility (Medici per la Responsabilità Sociale) di Boston: «I risultati delle ricerche attualmente in corso ci fanno pensare che, in grande maggioranza, i bambini, se ricevono sufficiente incoraggiamento e sostegno, sono capaci di raggiungere, in qualsiasi campo, risultati che sono talmente al di sopra dei livelli medi da essere considerati straordinari. È perciò importante sottolineare di nuovo che, nonostante quanto comunemente si crede, non vi è alcuna prova empirica che dimostri come tali risultati dipendano da particolari vantaggi genetici. La maggior parte dei bambini, se ricevono lo stimolo e l'incoraggiamento necessario, è capace di raggiungere livelli di competenza altissimi in qualsiasi area di apprendimento».

Cambiare atteggiamento

Le conseguenze pratiche di queste affermazioni sono rivoluzionarie e ben lontane dall'essere ancora oggi prese in seria considerazione da molti educatori e dalla stragrande maggioranza dei genitori.

Se infatti cambiamo il punto di vista e guardiamo all'intelligenza di un bambino come a un seme capace di svilupparsi, e non come un'eredità immutabile, saremo meno portati a ingabbiare i nostri figli nella definizione di *dotati* o *poco dotati*.
Spieremo invece ogni indizio che possa farci intravvedere una possibilità di sviluppo e faremo di tutto per favorirla.

Poverino, non ce la fa...

«*Non ce la fa.*» La frase, pronunciata con sofferta partecipazione o con cinico distacco, rischia di 'rimanere addosso' tutta la vita.
Una frase che consola il perdente, ma lo condanna senza appello. Congelato nel suo ruolo, il 'poverino' finisce per acquietarsi, si rassegna, rinuncia, andando a infoltire la folla degli inconcludenti.
Che cosa si può pretendere da lui? Che cosa può, lui, pretendere da se stesso?

«Poverino...» Forse questa frase l'abbiamo sentita anche noi, quando siamo andati a informarci dagli insegnanti sul rendimento scolastico dei nostri figli. Una sentenza, ma, quel che è più grave, l'ammissione di una sconfitta.
Eppure, come abbiamo visto, ognuno di noi ha un suo modo irripetibile di affrontare il mondo. E se un giorno ci preoccupiamo perché il bambino non ha lo stesso tipo di abilità del compagno, un altro giorno, di fronte a inequivocabili spunti geniali, fantastichiamo sul suo futuro e ci chiediamo come favorire lo sbocciare del suo talento.

Ribellarsi alla passività della compassione

«Ciò che conta, più di ogni altra cosa, è ribellarsi alla passività della compassione», sostiene Reuven Feuerstein. «Nessuno è 'poverino'. Nessuno è condannato alla sconfitta. Ciascuno trova in sé risorse inaspettate per sviluppare appieno le proprie potenzialità.»

Vale la pena, allora, riflettere sull'atteggiamento rinunciatario e vittimistico che troppo spesso assumiamo a proposito delle possibilità di affermazione di noi stessi, dei nostri bambini, delle persone che collaborano con noi.
Proponiamo un episodio che sarà capitato a molti di noi.

«Non importa, ci penso io!»

Abbiamo fretta. Come al solito, siamo in ritardo di quei cinque minuti, indispensabili per poter arrivare in tempo a un appuntamento alla mutua che non possiamo assolutamente posticipare, pena perdere il turno in una coda interminabile.
Marco, 4 anni, è lì con il cappottino di traverso perché, come al solito, ha infilato i bottoni nelle asole sbagliate.

Come ci comportiamo?
Possiamo azzardare due ipotesi principali.
- *Ipotesi n. 1: inteneriti, ci chiniamo, gli diamo un bacio e, in un baleno, aggiustiamo il 'pasticcio'.*
- *Ipotesi n. 2: siamo irritati per il contrattempo. Sbuffando, strapazziamo Marco, gli mettiamo a posto il cappottino e usciamo.*

In entrambi i casi, il nostro scopo è ottenuto: arriviamo in tempo per l'appuntamento.

Ma a quale prezzo? Nonostante il nostro intervento, Marco non ha imparato a infilare i bottoni nelle asole giuste, e si può essere sicuri che, alla prossima occasione, la stessa scena si presenterà da capo: noi rischieremo di arrivare in ritardo, ci inteneriremo per il nostro piccolo pasticcione o sbufferemo perché «*non impara mai*».

Eppure Marco, dall'interazione con noi, impara. Non ad abbottonarsi, ma a instaurare un rapporto con la realtà.
Sia nell'ipotesi del bacio, sia in quella della sbuffata, gli arrivano messaggi ben precisi.

- Nella prima, gli comunichiamo: «*Non preoccuparti, ci sarà sempre qualcuno a tirarti fuori dai pasticci*».
- Nella seconda, gli diciamo: «*Sei un buono a nulla: se non ci sono io, non sei nemmeno capace di abbottonarti il cappotto!*»

Nell'uno come nell'altro caso, Marco non impara a essere autonomo, perde la fiducia in se stesso, nella sua capacità di fare, di migliorare.

Se vogliamo sviluppare le capacità di un bambino, il messaggio che gli comunichiamo deve essere di fiducia.
Quando è in difficoltà, di fronte a una nuova situazione, se deve apprendere un nuovo compito, reprimiamo il nostro primo impulso a intervenire e a risolvere il problema per lui.
Consideriamola invece una preziosa opportunità per fargli apprendere nuove abilità.

E se davvero abbiamo fretta, riproponiamoci di insegnarglielo alla prima occasione.

Tutte le ragioni per lasciar perdere

«Cosa vuoi pretendere da lui?»
«Non aspettarti un gran che.»
«È intelligente, ma non si applica.»
«Si applica, ma non rende.»
«Accettiamo la croce che il Signore ci ha dato...»
«È tanto carino, però...»

Se analizziamo le ragioni per cui tendiamo a non investire tempo ed energie per insegnare ai bambini a superare da soli le difficoltà, ci accorgiamo che ci portiamo dietro alcuni preconcetti talmente radicati da non esserne, a volte, nemmeno consapevoli.

Gli ostacoli che ci impediscono di credere nei nostri figli sono sostanzialmente due.

- *«È fatto così»*, si dice. *«È tutto suo padre. È goffo di natura. Fin dalla nascita è stato un pasticcione, faceva cadere le cose, inciampava in ogni angolo, rovesciava immancabilmente la tazza del latte.»*

Ci si appella all'ereditarietà, e si accetta, fatalmente, il bambino così com'è, senza nemmeno tentare di indurre dei cambiamenti.
Eppure *vivere vuol dire cambiare* e credere nella possibilità di migliorare, sostiene Reuven Feuerstein, che elenca le 5 convinzioni di fondo che fanno di un educatore un buon educatore.

1. Gli esseri umani sono modificabili.
2. La persona che sto educando è modificabile.
3. Io sono in grado di modificare la persona che sto educando.
4. Io stesso posso (e devo) essere modificato.
5. La società può (e deve) essere modificata dalle singole persone che la compongono.

- *«Ci ho provato, ma non c'è verso.»* In questo caso, la sfiducia nella possibilità dell'uomo di migliorare non è generalizzata e si riferisce unicamente a un determinato bambino, ma le conseguenze per lui sono identiche.

Per apportare modifiche profonde e durature nel comportamento dei bambini, non basta credere in linea teorica e astratta nella possibilità di cambiamento: bisogna essere persuasi che, nel caso dei nostri figli, ciò *è davvero possibile*, così come pensiamo di riuscire a intervenire con successo in altri campi. Che cosa vuol dire?

Per capirlo, proviamo a immaginare come reagiremmo di fronte a un dottore che, dopo aver visitato il nostro bambino un po' gracile, ci dicesse: *«Che cosa vuole, signora! È inutile dargli vitamine, portarlo al mare o fargli fare dello sport. È così magrolino...»*

Quante operazioni per un bottone...

Ma torniamo a Marco ed ai suoi bottoni. Forse, se avessimo pensato alle operazioni mentali che sono necessarie per eseguire un'azione apparentemente semplice come quella di abbottonarsi il cappotto, saremmo stati più pazienti, e non avremmo rinunciato così facilmente.

Per farlo, Marco deve:

- decidere di mettere il lato del cappotto con le asole su quello con i bottoni, e quindi valutare il *prima* e il *dopo*, cioè acquisire il concetto di *sequenza*;
- allineare i bottoni con l'asola corrispondente, e quindi acquisire il concetto di *corrispondenza*;
- capire che, per infilare il bottone nell'asola, lo si deve inclinare dal basso verso l'alto, e quindi acquisire il concetto di *rotazione*;
- controllare, alla fine, se nell'abbottonarsi non abbia saltato qualche asola, e quindi acquisire il concetto di *verifica*.

Così si impara a imparare: la mediazione

Non c'è dubbio che prima o poi Marco riuscirà ad abbottonarsi il cappotto in maniera autonoma.
Per imparare, infatti, il bambino ha due strade:

- in modo del tutto casuale, per una diretta ma frammentaria esposizione agli stimoli;
- oppure, insieme con qualcuno che interpreti le sue esperienze, le nomini, le riordini, le organizzi, le raggruppi, dia un ordine agli stimoli ai quali è esposto orientandoli verso uno scopo preciso. In pratica, qualcuno che faccia da *mediatore*, che si ponga tra lui e il mondo per dare un senso alle parole e alle azioni, anche più banali, e per scomporre le operazioni più complesse in una serie di gesti semplici, rendendoli *intelligibili*.

È questa *mediazione* che crea nel bambino la disponibilità a imparare e la capacità di apprendere da solo.
Ed è qui che si pone il nostro intervento.

In particolare, i bambini con esigenze speciali sono definiti da Reuven Feuerstein come «bambini le cui capacità di apprendimento da una diretta esposizione agli stimoli sono limitate».

Per questo hanno bisogno di una maggiore mediazione rispetto a quanto solitamente si mette in atto.

Anche i bambini dotati, che danno l'impressione di apprendere da soli, hanno bisogno di un mediatore.
Ma che cos'è, in pratica, la mediazione?

Vi sono tre condizioni, senza le quali nessun apprendimento è possibile, che Reuven Feuerstein e i suoi collaboratori definiscono *i tre criteri fondamentali della mediazione.*

1. *Intenzionalità e reciprocità.*
2. *Trascendenza.*
3. *Trasmissione del significato.*

Dietro queste parole difficili si nascondono concetti molto semplici. Non potremo trasmettere nulla ai nostri bambini, se non:

- abbiamo ben chiare le nostre intenzioni, siamo cioè coscienti di quello che comunichiamo e che loro recepiscono *(intenzionalità e reciprocità)*;
- colleghiamo situazioni e realtà diverse in modo che i bambini siano portati a esplorare nuove conoscenze *(trascendenza)*;
- coloriamo le nostre parole di emozioni e significati più profondi perché i bambini capiscano il senso di ciò che facciamo e lo scopo che ci proponiamo *(trasmissione del significato)*.

La storia di Alberto, che faceva cadere tutto

Fin dall'età di 4 anni, Alberto aveva iniziato a prendere lezioni di violino seguendo il metodo del maestro giapponese Suzuki [un particolare metodo basato sull'apprendimento della musica come se fosse una lingua materna, *ndr*]. *Arrivato a 12 anni, frequentava la scuola del Conservatorio, faceva parte di un quartetto e aveva raggiunto un buon livello di competenza. Ma il suo maestro non era soddisfatto. «Non capisco», diceva. «È pigro! All'inizio suona benissimo, ma dopo un po' si stufa, e comincia a stonare.»*
A scuola gli insegnanti si lamentavano: «Gli cade tutto, perde la penna e il diario, non riesce a stare seduto, a fissare l'attenzione».
E anche a casa era diventato un tormento. Quando doveva fare i compiti stava seduto per ore a guardare il soffitto, e a tavola era un disastro: forchette e coltelli gli cadevano continuamente dalle mani, sembrava lo facesse apposta! I professori parlavano di iperattività: forse era il caso di farlo vedere da uno psicologo…
Ma il problema era molto più semplice. Un giorno, casualmente, i genitori incontrarono un'amica fisiatra che per anni aveva lavorato secondo i criteri indicati da Reuven Feuerstein. Dopo aver osservato Alberto camminare, afferrare un oggetto, saltellare per qualche minuto, fece la sua diagnosi: «Ha una mancanza di tono muscolare su tutto il lato destro del corpo, dalla gamba al braccio,» spiegò; «per questo tende a inciampare e, quando tiene la penna, la forchetta o l'archetto oppure deve stare seduto a lungo, semplicemente si stanca».

Consigliò di fargli praticare ogni giorno, per 10 minuti, una serie di esercizi mirati per far lavorare la parte destra del corpo. Nel giro di pochi mesi il problema fu risolto.

A causa di un impedimento di tipo fisico, mancava quella che Feuerstein chiama *reciprocità*. Nonostante l'intenzionalità, le ore di pratica e la buona volontà dei genitori e dei maestri, i risultati non c'erano perché il bambino, per via del suo problema, non poteva trarre pieno vantaggio da un insegnamento che, in sé, era eccellente.
Allo stesso modo, il professore di matematica può avere le migliori intenzioni di insegnare il teorema di Pitagora, ma il suo obiettivo non sarà raggiunto se, per motivi di carattere intellettivo, fisico o emotivo, gli alunni non recepiscono la sua spiegazione:

- per esempio, non conoscono il significato della parola 'ipotenusa' (*ostacolo intellettivo*);
- oppure da alcuni banchi non riescono a vedere la lavagna (*ostacolo fisico*);
- o ancora, sono arrabbiati perché la spiegazione viene fatta dopo che la campana per la ricreazione è suonata (*ostacolo emotivo*).

Quando c'è un problema

«Quando un bambino ha delle difficoltà, è perché esiste un blocco nel passaggio della mediazione, che può essere fisico, emotivo o intellettivo,» spiega Adina Rathner, una delle più preziose collaboratrici di Feuerstein; «sta a noi individuarlo e aprire uno spiraglio. I bambini con difficoltà di apprendimento hanno soltanto bisogno di maggior attenzione e investimento personale. La nostra esperienza ci dimostra che ogni persona, quali che siano la sua età, il suo handicap e la gravità del problema, è capace di modificarsi.»

È questo un approccio totalmente nuovo, che apre prospettive inaspettate nel campo dell'educazione.
Se superiamo le nostre resistenze nei confronti delle possibilità di potenziare le doti dei nostri figli, avremo la gradita sorpresa di scoprire

che, una volta iniziato, il processo si autoalimenta. È come quando cerchiamo di mettere in moto una pesante puleggia: per superarne la forza di inerzia è richiesto uno sforzo notevole ma, una volta che il movimento è avviato, si può dire che proceda da solo.

La storia di Jason

Prima di accomiatarmi dall'ospedale dove avevo dato alla luce Jason, il mio bambino, la dottoressa venne a salutarmi. Prese le mie mani tra le sue: «Accettalo, Emily», mi disse, e mi accorsi che aveva un groppo in gola. «Portalo a casa. Amalo e accettalo così com'è!»
Jason era nato con la sindrome di Down, e per molti anni mi sono sentita ripetere la stessa raccomandazione: «Accettalo. È il destino. Fattene una ragione!»

Finché un giorno mi trovai tra le mani il libro del professor Reuven Feuerstein, Non accettarmi come sono. *'Come non accettarlo?' mi dissi. 'È crudele, è ingiusto!'*
*Poi, dopo aver saputo dei risultati ottenuti con bambini che si trovavano nelle stesse condizioni di Jason, mi sentii come se fino ad allora fossi stata il servitore della parabola evangelica, che, anziché farlo fruttare, aveva seppellito l'unico talento che gli era stato assegnato (*Matteo, *25, 14 e segg.).*
Mi convinsi che l'accettazione passiva della situazione non era un segno d'amore, quanto piuttosto una rinuncia, un'ingiustizia nei confronti del mio bambino. Mi feci coraggio, e portai Jason a Gerusalemme.

Dalla mattina alla sera, fu subito messo a fare esercizi e a risolvere problemi. Nei primi tempi me ne stavo lì a pensare che cosa avrebbero potuto fare con lui.
Poi, in breve tempo, questa divenne la più fantastica ed esaltante esperienza della mia vita.
Sotto i miei occhi, lo vedevo diventare sempre più affascinato dalla scoperta di modi nuovi di usare la sua mente. Imparava tecniche per valutare le informazioni che gli erano date, elaborarle, metterle in discussione, verificarle... Lì, davanti ai miei occhi, mio figlio stava imparando a pensare!

Jason ha compiuto imprese che molti esperti del settore, ancora oggi, considerano impossibili per una persona nata con la sindrome di Down: ha conseguito la maturità, ha recitato in televisione, ha pubblicato un libro insieme con un ragazzo anche lui affetto dalla sindrome di Down, e tiene regolarmente conferenze per cercare di cambiare l'atteggiamento delle persone nei confronti dell'handicap.
Il suo caso non è unico. Centinaia di ragazzi dati per persi e condannati a un'esistenza di ottusa opacità conducono invece una vita produttiva e appagante, a dimostrazione del fatto che, se sufficientemente stimolate, le nostre potenzialità possono svilupparsi ben oltre i limiti finora considerati invalicabili.

Le sette modalità per sviluppare l'intelligenza

Secondo Reuven Feuerstein e i suoi collaboratori, le conoscenze di base da trasmettere a un bambino perché sviluppi al meglio le sue capacità intellettive e il suo mondo affettivo passano attraverso sette criteri di mediazione.

1. *Mediazione dell'attenzione.*
2. *Mediazione del linguaggio.*
3. *Mediazione della capacità di astrazione.*
4. *Mediazione del comportamento imitativo.*
5. *Mediazione del gioco simbolico.*
6. *Mediazione della memoria e del ricordo.*
7. *Mediazione dell'attitudine a porsi delle domande.*

Nelle prossime pagine vedremo in dettaglio di che cosa si tratta.

Possibile che non stai mai attento?

ovvero La mediazione dell'attenzione

La mamma ha detto a mio fratello: «Io vado a fare la spesa, dài un occhio alla bambina».
Lui si è messo davanti alla TV e io ho mangiato tutte le olive di un vasetto. La mamma, arrabbiata, ha detto: «Ma devi stare attento, capito? Qui non è mica come a scuola».
(Martina, 5 anni)

L'intelligenza? Dipende dall'attenzione

Lo dimostra un recentissimo studio della Washington University di Saint-Louis pubblicato su 'Nature Neuroscience'. Per mezzo della risonanza magnetica gli studiosi hanno analizzato un ampio campione di volontari mentre affrontavano problemi particolarmente complessi. E hanno scoperto che l'*intelligenza fluida*, quella cioè che permette di trovare soluzioni creative, dipende soprattutto dalla capacità di attenzione.

Quando il neonato cerca la nostra voce

Se prendiamo in braccio un neonato e gli parliamo con dolcezza, vedremo che si volta verso di noi per cercare la fonte del suono che ha attirato la sua attenzione.

Basta quest'esempio. Ma il suo comportamento mette in luce anche il fatto che, già alla nascita, il piccolo dimostra di avere delle preferenze, e possiede la capacità di cercare, trovare e rispondere a un'altra persona. Se potessimo vederla, la sua mente ci apparirebbe come un attivissimo cantiere di lavoro: un laboratorio che tesse un'intricata mappa di nuove diramazioni neuronali per catturare, catalogare, dare una sistematizzazione ai milioni di segnali, sensazioni e impulsi che riceve attraverso gli occhi, la bocca, le orecchie, le mani. Ogni giorno la sua rete di dendriti si estende, si suddivide, diventa più intricata, creando migliaia di chilometri di nuove connessioni indispensabili a interpretare l'enigma del mondo.

Si stima che un bambino nasca con più di 100 miliardi di cellule cerebrali, alcune delle quali, una minima parte, sono già collegate tra di loro. Il lavoro necessario per creare i circuiti complessi che determinano il nostro modo di pensare, di sentire e di comportarsi viene però svolto in gran parte dopo la nascita, attraverso l'esperienza.

Il primo pensiero

Grazie a sistemi di video molto sofisticati, oggi è possibile osservare gli aspetti più sottili della comunicazione fra mamma e neonato.

Fin dai primi giorni, il bambino mostra un'*intenzione* a esplorare e a rispondere agli stimoli dell'ambiente. Si tratta, naturalmente, di segni minuscoli, appena percepibili, che per trasformarsi in effettiva competenza richiederanno del tempo e la capacità di avere il controllo dei propri stimoli. Ma oggi gli scienziati sono sicuri che la capacità di *pensare*, se pur in maniera del tutto primitiva, è sicuramente presente al momento della nascita e, probabilmente, anche prima.
Il suo sviluppo dipenderà dagli stimoli che verranno offerti al bambino.

Si nasce disattenti...

Giulio

Giulio sta facendo i compiti.
A fianco del libro ha un enorme cartoccio di pop corn, da cui attinge sporadicamente.
Con la coda dell'occhio segue alla TV, con l'audio spento, le avventure dell'ultima puntata del suo serial.
Dalle cuffie la sua adrenalina viene portata a ebollizione dalle 'esplosioni' sonore della musica heavy metal.

«Sembra che non ci sia niente che lo interessi», si rammarica sconsolato il papà.
«Non sa concentrarsi», brontola la mamma.
«Non sta mai attento», si lamenta la maestra.

E forse, aggiungiamo noi, non ha mai *imparato* a farlo.
«L'attenzione non fa parte del patrimonio genetico», afferma Silvio Ceccato, uno dei maggiori esperti di cibernetica, la scienza che studia i processi di comunicazione nell'uomo e negli animali.
«Si nasce disattenti o, per meglio dire, privi di capacità attenzionale. La capacità di fissare l'attenzione su un oggetto non è un dato innato, va appresa lentamente e faticosamente, così come si apprende il linguaggio.»

... e a concentrarsi si impara

• **Per tutto il primo anno di vita** il bambino sperimenta una specie di fusione tra sé, la mamma e il mondo, e non possiede ancora una propria immagine corporea ben definita.
Si succhia il piedino come il gatto si morde la coda, senza avvertire che esistono dei confini tra una parte di sé (mano, bocca, piede) e il seno materno.
È impossibile per lui guidare l'osservazione su una cosa precisa, focalizzarla, astrarla dal contesto in cui si trova; sono operazioni mentali complesse, che si acquisiscono con il tempo.
Se prende un giocattolo e lo butta per terra, può sembrare che lo faccia con intenzione; in realtà, lo fa per via riflessa, senza un vero controllo dei propri movimenti.

• **A un anno** si inizia a formare quello che Ceccato definisce *sistema nervoso attenzionale*: aiutandosi con il linguaggio, che è la più alta delle astrazioni, il bambino diventa progressivamente autonomo.
L'attenzione è la presa di coscienza, la bacchetta magica che permette di uscire dal caos. Ciò che prima era nebuloso e indistinto acquista confini, e il bambino diventa sempre più in grado di fermare l'attenzione su uno stesso gioco.

• **A 2 anni** i bambini raramente riescono a prestare attenzione a una cosa per più di un quarto d'ora.
Con il tempo, la capacità di concentrazione aumenta, ma l'attenzione è di una qualità diversa rispetto a quella dell'adulto. Infatti, mentre noi abbiamo una capacità di concentrazione 'mirata', sappiamo cioè quello che stiamo cercando e ci concentriamo per trovarlo, l'attenzione del bambino che non va ancora all'asilo è di tipo sperimentale. Se sbatte per terra un giocattolo e poi lo butta (attenzione: *butta*, non *butta via*) è perché, in tal modo, può sperimentare una varietà di stimoli diversi: il lancio, le sensazioni tattili, l'effetto sonoro che ottiene, le reazioni degli altri. L'oggetto, di per sé, non è influente. Se, per esempio, ha appena imparato a tirare la palla, può darsi che prenderà a calci ogni gioco che gli capiti a tiro. Le sue categorie mentali sono così elastiche da permettergli di utilizzare gli oggetti come più gli piace. Ed è questa capacità che rende i bambini così fantasiosi.

• **Solo verso i 4 anni** i bambini imparano che certi oggetti sono finalizzati a uno scopo preciso.

Come migliorare la qualità dell'attenzione

In genere si pensa che più il bambino viene stimolato, più si sviluppa la sua intelligenza. Non è vero, avverte Reuven Feuerstein: gli stimoli vanno selezionati e proposti in modo che il bambino possa sceglierne alcuni, ignorandone altri.

L'ambiente

Inutile inondare l'ambiente in cui vive il bambino di paccottiglia, giocattoli e pupazzi di ogni forma e dimensione. La stanza dovrebbe trasmettere una sensazione di armonia, ordine, allegria e serenità, perché possa assimilare questi valori.
Nel predisporre il letto e lo spazio per il gioco, è importante considerare quindi non soltanto la funzionalità, ma anche una certa distanza nella disposizione dei giocattoli e degli eventuali quadri appesi in modo che il piccolo possa 'scegliere'.

I giochi

Non importa quali sono le storie, le figure, i giocattoli, le musiche che proponiamo, né la loro quantità.
Quello che conta è scegliere gli stimoli, determinando un *ordine preciso* nel presentarli.

Il bambino non impara a concentrarsi e ad esplorare quando salta annoiato da uno stimolo all'altro, bensì quando, distinguendo tra diversi stimoli, ne sceglie uno *intenzionalmente* perché lo preferisce agli altri, lo guarda e lo utilizza in tutti i modi possibili.

Si comincia con le espressioni del volto

«Il volto della madre ha per il bambino delle caratteristiche che nessun altro oggetto possiede», afferma Reuven Feuerstein.
Essendovi esposto fin dal momento della nascita, ben presto lo conoscerà alla perfezione e di conseguenza acquisterà la capacità di distinguerlo dagli altri oggetti, stabilendo una gerarchia.
Il bambino impara a rispondere alle iniziative della mamma; in tal modo provoca da parte di lei nuovi tentativi di comunicazione per influenzare il suo comportamento.

Telecomando e disattenzione

Lo *zapping*, il saltare da un programma televisivo all'altro con il telecomando, è senz'altro il modo migliore per rendere sistematica la disattenzione.
Se diventa un'abitudine, impedisce al bambino di crearsi nella mente un'armonica struttura cognitiva.

'Cliccando' sui tasti in continuazione, il bambino va alla ricerca della scena più eccitante senza alcun interesse a inquadrarla in un racconto.
Ai suoi occhi, l'universo appare come una sequenza frammentaria di fotogrammi che eccitano la fantasia e che, per mantenere la stimolazione al massimo, devono essere sempre più chiassosi, violenti, iperbolici.

Che cos'altro succede? Conoscendo il volto materno, il bambino riesce a percepirne i cambiamenti di espressione. Le trasformazioni possono essere notate soltanto da chi conosce perfettamente qual è l'espressione normale.
Il piccolo, allora, si domanderà perché è avvenuto un cambiamento, perché la mamma è triste, felice o irritata: è il primo passo nella comprensione del rapporto di causa ed effetto.

Il bambino si prepara così al cambiamento in generale, che è alla base di tutto il processo di apprendimento.
È osservando il volto della mamma che impara a leggere l'espressione dei sentimenti (gioia, sorpresa, preoccupazione, disappunto, domanda) e a comprendere il mondo che lo circonda.
In pratica ciò significa:

- *apprendere ad anticipare gli eventi*: sente la voce della mamma e sa che arriva il biberon;
- *interpretare la realtà*: ha rovesciato il piatto della pappa e si accorge del disappunto materno;
- *imparare il linguaggio*: balbetta qualche sillaba e viene sommerso da abbracci e baci che lo convincono di avere operato un miracolo...

Una comunicazione appassionata ed emotiva

Il volto umano attrae particolarmente i bambini, persino quando è rappresentato nelle figure.
Quando ci rivolgiamo a un neonato, siamo portati ad avvicinare la nostra faccia alla sua, alziamo il tono della voce e cerchiamo di aumentare la mimica facciale.
Sono comportamenti istintivi che tengono conto dello sviluppo ancora incompleto dei nostri piccoli. I neonati riescono infatti a mettere a fuoco un'immagine solo se posta a una distanza di 20-30 cm, percepiscono soprattutto i toni alti e preferiscono un comunicatore passionale ed emotivo.
Per questo, più saremo espressivi e manifesteremo i nostri sentimenti con passione, più facile sarà per il bambino collegare le nostre reazioni con le sue esperienze.

Offrirgli una calda vicinanza fisica, guardandolo negli occhi, è il modo migliore per dargli l'opportunità di imparare a concentrarsi.

Spiega Reuven Feuerstein: «È importante porsi consapevolmente l'obiettivo di attirare l'attenzione del bambino, soprattutto quando non reagisce a una persona vicina che tenta di catturare il suo sguardo. A questo proposito, vale la pena di ricordare che questa mancanza di interazione, delle cui conseguenze sullo sviluppo affettivo del bambino si è parlato a lungo, può danneggiare anche la sua capacità di apprendere».

Non solo. L'espressività nel trasmettere l'informazione favorisce l'apprendimento anche nel caso di studenti che hanno da tempo oltrepassato l'infanzia.

In una serie di studi, riportati dall'autorevole rivista americana 'The Journal of Educational Psychology', è stato dimostrato che la capacità degli studenti di trovare strategie per la soluzione di problemi migliorava quando l'insegnante accompagnava le spiegazioni con i gesti delle mani e la mimica della faccia.

L'arte di catturare l'attenzione del bambino

Per essere percepiti e interiorizzati, gli stimoli devono dunque possedere alcune caratteristiche.
Più il bambino è piccolo, tanto più queste caratteristiche devono essere accentuate.

- Anzitutto, lo stimolo deve essere *intenso,* avere colori brillanti, vivaci, decisi, e un disegno dalle forme semplici, in modo che il bambino lo possa facilmente identificare ed eventualmente maneggiare.

- Per percepirlo, il bambino ha bisogno del tempo necessario per farsene un'immagine mentale: una figura che appare per un brevissimo tempo sullo schermo della televisione non può essere interiorizzata. Minore è l'età del bambino, più ampia dovrà essere la *durata* dell'esposizione allo stimolo. Per questo va *ripetuto*, più e più volte, per essere assimilato; ecco perché i bambini sentono il bisogno di ascoltare la stessa fiaba o di osservare lo stesso libro illustrato decine di volte.

• Di enorme importanza è il *contenuto emozionale*. Se nel vedere un film, nel leggere un romanzo o nell'incontrare una persona abbiamo provato un'emozione intensa, difficilmente dimenticheremo l'esperienza. Per favorire l'apprendimento, è dunque essenziale l'intensità emotiva con cui ci rivolgiamo al bambino.

• L'*imprevedibilità* e la *novità* sono due condizioni che attirano l'attenzione. Se vogliamo catturare l'interesse del bambino è quindi importante cambiare i giochi, modificare la disposizione degli oggetti nella stanza, preparare una sorpresa. L'attrazione che provano i bambini per le giostre e per gli oggetti che si muovono si spiega proprio perché grazie al movimento il mondo si presenta in forme impreviste e, per questo, accattivanti.

• Anche la *selettività* è importante: «*Se leggi, non tenere accesa la TV*». «*Quando mangi, non portare i giocattoli a tavola.*»
Se il bambino non impara a concentrarsi su un unico stimolo, non potrà sviluppare la capacità di concentrazione.

«È sempre tra le nuvole...»

Mio figlio Luca è un disastro. Sembra sempre che abbia la testa tra le nuvole. Va a scuola, e immancabilmente dimentica il diario a casa. Arriva in palestra, e si è dimenticato delle scarpe da ginnastica. Gli chiedo di aiutarmi a preparare la tavola per il pranzo, e manca sempre una forchetta, un bicchiere o un tovagliolo. Mai una volta che riesca a portare a termine un compito come si deve!

(Loredana, 34 anni, mamma di Luca, 9 anni)

Serve arrabbiarsi con Luca? Sgridarlo? Castigarlo? Con ogni probabilità, no. Non farebbe che accrescere in lui il senso di frustrazione, l'irritazione nei confronti della mamma che 'non è mai contenta', la sfiducia in se stesso.

Che cosa capisce guardando la TV

«Avvertenza: se la tosse persiste consultare il medico», recita lo spot televisivo. La piccola Sharon, 5 anni, domanda: «*Mamma, perché se la tosse insiste bisogna saltare sul medico?*»

Spiega John Condry, professore di psicologia della Cornell University, negli Stati Uniti, direttore del Center for Research on the Effects of Television (Centro per le ricerche sugli effetti della televisione) a proposito della capacità di concentrazione dei bambini: «I bambini piccoli guardano i cartoni animati perché sono ben 'marcati', cioè ogni azione è sottolineata da caratteristiche atte ad attirare l'attenzione. Il problema è che questa marcatura sostituisce la concentrazione e la comprensione».

Cambiando continuamente le immagini, la televisione riesce certamente a catturare l'attenzione, ma non dà la possibilità di concentrarsi.
Secondo le statistiche degli studiosi:

- **prima dei 6 anni** il bambino non è in grado di cogliere il significato di un'azione nel suo insieme, e non riesce a ricordare lo stesso personaggio in scene diverse dello stesso film;
- **prima dei 7-8 anni** non riesce a seguire correttamente un film per più di 30 minuti;
- **prima degli 11 anni** non è capace di comprendere i flashback, le dissolvenze, i campi e i controcampi, la distinzione fra scene principali e secondarie.

Recentemente l'agenzia pubblicitaria Euro RSCG, il principale gruppo di comunicazione in Europa, ha coordinato uno studio realizzato da una squadra di 50 tra psicologi, educatori ed esperti di comunicazione, impegnati a intervistare sul consumo televisivo domestico 430 bambini di età compresa tra gli 8 e i 13 anni. I risultati sono particolarmente significativi.

Solo il 31% ha ammesso che «*quello che guardano i grandi piace anche a me*», mentre il 71% ha risposto secco: «*No, non mi piace*».
Perché? «*Perché gridano sempre*», spiega il 34%. «*Perché non capisco quello che dicono*», sostiene il 29%.
E se il 19 % confessa: «*Perché mi fanno paura*», il 23% ammette: «*Perché mi stufano*».

Come aiutarlo allora? Se si esclude l'ipotesi che si comporti in questo modo soltanto per fare un dispetto ai genitori, non resta che stimolarlo a riflettere prima di agire o, se si vuole usare una parola più tecnica, a utilizzare i processi di *metacognizione*.

Usare la propria testa: la metacognizione

La metacognizione è la consapevolezza di come funziona il nostro pensiero e di come è possibile controllarlo.
Ogni giorno i nostri bambini fanno delle scelte. Se gliene domandiamo i motivi, il più delle volte l'unica risposta che riusciamo a strappare è: «*Perché sì*». Nei casi migliori, riescono a darci un solo argomento a favore.
Invitiamoli invece a dare una motivazione che giustifichi le loro decisioni. Le strade sono due.

1. Stimolare la capacità di osservazione parlando con loro, noi per primi, del perché a noi piace o meno qualche cosa: «*A me piace avere ospiti perché si sta insieme in allegria, e a te?*» «*Adoro le ciliegie perché si mangiano in un solo boccone, e tu?*»
2. Portare i bambini a riflettere sui meccanismi che hanno utilizzato per arrivare a una decisione Si tratta, cioè, di riuscire a 'guardare dall'alto' quello che si è detto e pensato, a dare un nome alle categorie che si sono utilizzate per descrivere l'oggetto, a stabilire una griglia che possa essere applicata in tutte le occasioni.

Questo lavoro è di grande importanza se vogliamo trasformare un risultato, che spesso è frutto di uno sforzo occasionale, in uno strumento di analisi della realtà, applicabile in qualsiasi situazione.

Ma torniamo a Luca e alle sue dimenticanze. Non giudichiamolo, ma interpretiamo con lui l'accaduto, facendogli vedere come spesso gli errori servano per imparare e migliorare.

«Questa volta ti sei ricordato di portare la riga e la squadra alla lezione di disegno. Bravo. Come hai fatto?»
«Non lo so, così.»

«Eppure, ci sarà stato un momento in cui ti è venuto in mente di metterli nella cartella...»
«Sì, è quando ho messo dentro i fogli da disegno...»
«E come hai pensato ai fogli da disegno?»
«La maestra ci ha fatto scrivere sul diario di portare l'album, quello grande».
«Allora hai guardato sul diario...»
«Sì.»
«Che ne dici, allora, di scrivere d'ora in poi sul diario non solo quello che ti dice la maestra, ma anche ciò che devi portare per la lezione, e di controllare ogni volta?»

'*Devo ricordarmi*' pensa Luca tra sé, e così facendo, anche se non sa esprimerlo esplicitamente, riflette sui suoi processi mentali, sviluppa cioè un'embrionale *conoscenza metacognitiva*.

Per ricordarsi decide dunque di scrivere un appunto sul diario e, una volta a casa, di mettere subito la squadra e la riga nella cartella. Doppio meccanismo di controllo a prova di errore!
È poi preso da un dubbio: prima di chiudere il diario, controlla se ha finito di scrivere la frase e se l'ha annotata alla data corretta. Mette cioè in atto un *processo metacognitivo di controllo.*
Nel caso della metacognizione, i processi che occorre avviare sono, dunque, due.

1. Prima di tutto, avere una consapevolezza di come funziona la nostra mente: conoscere il proprio scopo, selezionare i dati rilevanti, ordinarli in modo logico, vedere le relazioni che esistono, derivarne le conseguenze...
2. In secondo luogo, bisogna controllare l'esecuzione di tutti i punti sopra elencati.

Le strategie delle favole

La teoria della metacognizione è molto più complessa di quanto si possa dire in poche righe. Tuttavia, il concetto di fondo è semplice, e lo si può sintetizzare in due punti:

- non basta infatti individuare la *soluzione* di un qualsiasi problema;
- si devono anche sviluppare delle *strategie* per analizzarlo e per controllare che sia risolto correttamente.

Se ci mettiamo nell'ottica di aiutare il bambino, nei suoi comportamenti di ogni giorno, a mettere in atto questi due principi, potremo insegnargli a prendere coscienza pian piano dei suoi meccanismi mentali e a padroneggiarli. A questo scopo, la favola è uno strumento di eccezionale efficacia. La sbadataggine o la preveggenza dei protagonisti delle fiabe può offrire diversi spunti.

«Perché Pollicino riuscì a trovare la strada del ritorno?»
«Come mai Cenerentola perse la sua scarpina alla festa di ballo?»
«Come mai i due porcellini più piccoli furono mangiati dal lupo?»
«Che cosa avresti fatto per evitare i loro errori?»
«Capita anche a te di essere sbadato, e quando? Che cosa potresti fare per non dimenticare i tuoi impegni?»

Si può anche chiedere ai bambini di raccontare una delle fiabe che conoscono al fratellino o ad un amico. A poco a poco, impareranno a selezionare le scene rilevanti, a ricordarsi lo svolgimento della storia, a mantenere la logica del discorso.

Tre suggerimenti per farsi ascoltare

Quando vogliamo trasmettere un messaggio a un bambino è importante applicare in modo sistematico questo principio. Dobbiamo avere l'*intenzione* di creare in lui la *comprensione* di quello che fa, chiedendoci: '*Perché glielo sto dicendo? Che cosa mi propongo di comunicargli?*'
Ecco i suggerimenti degli esperti.

1. Stabilire un contatto fisico

Abbassiamoci al suo livello per guardarlo negli occhi, teniamolo per mano o, se è molto piccolo, prendiamolo in braccio.

Pensare a se stessi mentre si pensa

Negli anni Settanta gli studiosi J.H. Flavell e J.G. Borkowsky osservarono come molti bambini con difficoltà di apprendimento presentassero una scarsa consapevolezza del proprio funzionamento cognitivo. Notarono che si trattava di bambini «che non applicavano delle strategie».
Per Flavell e Borkowsky, invece, «queste sono indispensabili per affrontare un apprendimento». Si deve applicare, cioè, quella che i due studiosi definirono 'metacognizione': pensare a se stessi mentre si pensa, ovvero concentrarsi sulla propria attività di pensiero. L'insegnamento di abilità metacognitive (che qualcuno definisce 'pensare ad alta voce') si è dimostrato particolarmente utile con i bambini con difficoltà di apprendimento, di memoria e di attenzione, perché permette loro di diventare consapevoli e quindi:

- di imparare nuove strategie;
- di imparare che le trategie si scelgono in base alle attività da svolgere;
- di imparare che le strategie devono essere calibrate al compito.

«L'effetto fondamentale dello sguardo è di dimostrare attenzione e di aumentare la vigilanza», scrive Richard L. Gregory, professore di Neuropsicologia all'Università di Bristol, nel suo libro *The Oxford Companion to the Mind* (*Enciclopedia Oxford della mente*, Sansoni, Firenze), e aggiunge: «Due persone che interagiscono si guardano circa due volte più spesso quando ascoltano che non quando parlano».

Catturare lo sguardo del bambino equivale quindi ad assicurarsi la sua attenzione. A riprova di questo fatto è stato osservato che i bambini autistici, le persone schizofreniche o che soffrono di depressioni acute, tutti coloro che hanno problemi di rapporto con gli altri tendono a non guardare l'interlocutore negli occhi.

2. *Annunciare le proprie intenzioni*

Dichiariamo sempre le nostre intenzioni e aspettative, parlando prima di tutto di noi:
«*Adesso voglio dirti una cosa importante*».

«Non mi piace quando spingi gli altri bambini per salire per primo sullo scivolo.»
«Mi dà fastidio la musica ad alto volume.»

Motiviamo le ragioni delle nostre richieste.
«Se rubi il posto a un altro bambino, lo fai arrabbiare. Ti piacerebbe se lui lo facesse a te?»

Concludiamo, ribadendo la regola che vogliamo insegnare.
«Quando vuoi salire sullo scivolo, aspetta il tuo turno.»

Non sono precisazioni superflue, prive di importanza, come si sarebbe indotti a pensare.
Fanno parte della *metacomunicazione*: dare cioè delle informazioni sulla comunicazione in atto, precisandone il significato e rendendo esplicite le intenzioni di quanto si dice.
Questo sforzo, importante in qualsiasi tipo di rapporto, diventa particolarmente necessario e prezioso quando si parla con un bambino piccolo, proprio perché ha difficoltà a concentrarsi su un argomento.

3. Parlare con rispetto al bambino, anche se è molto piccolo

Già 30 anni fa, il celebre pediatra Marcello Bernardi nel suo libro *Il nuovo bambino* scriveva parole significative a questo proposito.

Il bambino ha bisogno di chiarezza

«Fa' questo. Non fare quello. Si deve fare così e così. Questo non si fa. Non toccare. Sta' fermo. Lascia stare la tal cosa. Soffiati il naso. Non parlare. Non interrompere. Rispondi. Alzati. Resta dove sei.»

Di queste frasi un bambino ne sente ripetere centinaia al giorno e nella massima parte dei casi non ne capisce per niente la ragione: per lui sono soltanto comandi o proibizioni incomprensibili e ingiustificabili. E in ogni modo si trova nell'impossibilità materiale di ricordarli tutti. Così, a un certo punto rinuncia e non ne tiene a mente nemmeno uno.

È inutile gridare contro un bimbo: «Te l'ho detto mille volte di non fare questo!» Appunto: se lo si fosse detto una volta sola, forse il bambino ne avrebbe preso nota. Ma in un oceano di norme, positive e negative, egli si perde.

Credo fermamente che tutti i genitori dovrebbero seguire questi due principi.

- *Ridurre i comandi e i divieti al minimo indispensabile.*
- *Essere coerenti. Una volta dato un ordine non rimangiarselo più, mai più; e, una volta posto un divieto, non ritornare sulla decisione presa. Se oggi proibite a vostro figlio di giocare con i cucchiaini del servizio, e domani glielo permettete pur di non sentirlo più frignare, lui non saprà se l'uso dei cucchiaini è vietato o no. Il bambino ha bisogno di chiarezza e di coerenza, altrimenti non può riuscire a orientarsi.*

Per questo vale la pena di fare uno sforzo per permettergli di comprendere chiaramente ciò che vogliamo da lui.

- Non pretendiamo che interrompa immediatamente quello che sta facendo, ma diamo un preavviso: «*Fra cinque minuti è pronto in tavola*»; «*Finisci il tuo gioco, e poi vai a letto*».
- Mettiamo le cose in positivo. Per esempio, piuttosto che dirgli ciò che deve evitare: «*Attento a non versare il latte*», diciamogli ciò che deve fare: «*Tieni il cartone del latte con due mani*».
- Soprattutto, cerchiamo di essere brevi, chiari e diretti, e spieghiamo sempre il perché delle nostre richieste.
- Se lo riteniamo importante, facciamo ripetere al bambino ciò che gli abbiamo detto: avremo così la conferma che ha compreso bene tutto quanto.

Dillo con parole tue

ovvero La mediazione del linguaggio

Marianna e Lucio

«Sei molto intuitivo!» esclama Marianna, fiera di come suo figlio Lucio, 4 anni, avesse capito al volo tutte le sue raccomandazioni. «Ma io non voglio essere intontivo», *protesta lui, offeso.*

In una vignetta uscita anni fa sulla 'Settimana enigmistica', due ippopotami stanno facendo il bagno nel fiume: «*Strano*,» dice un ippopotamo all'altro, «*continuo a pensare che oggi sia giovedì!*»
Perché ci viene da sorridere per una battuta così banale? Non solo perché i due pachidermi parlano: tutti gli animali delle favole di Esopo chiacchierano e non sono particolarmente buffi. Ciò che diverte è il contrasto tra la raffinatezza dell'osservazione e l'esteriore grossolanità dei due bagnanti.

Per poter fare quell'osservazione si deve supporre nell'ippopotamo un elevato livello di astrazione.

- Primo, deve conoscere i giorni della settimana e avere una chiara percezione del tempo e delle sue convenzioni di misura;
- secondo, deve riflettere sulla percezione che lui (un ippopotamo!) ha del trascorrere del tempo, e paragonarla con una serie di altri fatti che lo portino a concludere che la sua percezione è errata; ricorre, cioè, a quello che i linguisti chiamano *metalinguaggio*.

Il linguaggio può essere utilizzato in quattro modi, sostiene Howard Gardner, il teorico delle intelligenze multiple.

1. Per trasmettere messaggi.
2. Per ricordare fatti ed eventi.
3. Per comunicare ad altri le proprie conoscenze.
4. Infine, per riflettere su come noi stessi pensiamo, ricorrendo, cioè, al *metalinguaggio*.

Mentre le prime tre funzioni del linguaggio possono essere in qualche modo presenti negli animali (si dice, per esempio, che le formiche abbiano la capacità di informare le 'colleghe' dove si possono trovare scorte di cibo), il metalinguaggio è, per ora, una caratteristica esclusiva dell'uomo.

Insegnare il linguaggio a un bambino è fornirgli lo strumento indispensabile perché possa sperimentare i più alti livelli di astrazione.

Una ricerca singolare

In tutte le lingue del mondo, le parole che i bambini usano per chiamare i genitori sono composte da una o due sillabe, come nel caso dell'inglese *mom* e *dad* o dell'italiano *mamma* e *papà*.
Ma si tratta di vere parole, intenzionalmente pronunciate, o di balbettii casuali ottimisticamente interpretati da genitori troppo ansiosi di cogliere le prime parole del loro bambino?

Secondo ricerche recenti, i genitori hanno ragione: i *ma, bu, pa, la...* sono i primi tentativi del bambino di comunicare.
Lo conferma la ricercatrice Laura-Ann Petitto del Darmouth College, Hanover, nel New Hampshire, in uno studio singolare recentemente pubblicato sulla prestigiosa rivista 'Science'.
Nel corso della ricerca si è notato che i bambini, quando sono impegnati nei loro balbettii o, più precisamente, in quella che gli scienziati chiamano *lallazione*, utilizzano maggiormente il lato destro della bocca. Quando invece vocalizzano liberamente, senza particolare motivo, la bocca è semplicemente aperta senza che alcun lato sia particolarmente interessato.
Che cosa significa?

Lo spiega Laura-Ann Petitto: «Poiché sappiamo che il lato sinistro del cervello, quello che governa l'apprendimento del linguaggio, è preposto al controllo del lato destro della faccia, si può concludere che la capacità di parlare dei bambini è molto più precoce di quanto si è pensato fino a oggi, e che i balbettii sono i primi tentativi di esprimersi con il linguaggio».

Il linguaggio in codice

La vera lallazione, dicono gli esperti, è composta da una consonante e da una vocale, che vengono ripetute più volte: *da-da-da-da* oppure *ba-ba-ba-ba* sono esempi di lallazione, mentre *ahhhhhhhh* o *nggggggggg* sono vocalizzi.

«Per il bambino sono importanti lezioni di linguaggio», affermano i ricercatori Denis Burnham e Christine Kitamura dell'Università di Western Sydney, in Australia. «E, per istinto, i genitori se ne rendono conto. Dalle nostre ricerche abbiamo rilevato che questi utilizzano toni diversi a seconda degli interlocutori, siano essi adulti, neonati o animali. Parlando ai neonati e agli animali di compagnia il tono è più acuto e ha maggiore intonazione, ritmo e sentimento. Ma solo quando parlano ai neonati articolano e allungano le vocali: '*Tooopoliiino!*' esclama la mamma, rispondendo al chiacchiericcio del suo bambino. Accentuando istintivamente la pronuncia delle vocali, si favorisce la lallazione.»

Osserva Jean Berko Gleason, dell'Università di Boston, specialista dello sviluppo del linguaggio: «Quando si parla a un animale, per esempio un gatto, spesso l'intonazione sembra quella del linguaggio bamboleggiante. Numerosi studi hanno dimostrato che, anche parlando con i bambini piccolissimi, le vocali sono pronunciate in maniera del tutto particolare, specifica per i neonati. Perfino i genitori che evitano di rivolgersi ai loro figli utilizzando un linguaggio infantile, ma parlano loro come fossero adulti, istintivamente pronunciano comunque le vocali in modo caratteristico: chiaro e specifico».

Le tappe dell'apprendimento

Dai 4 agli 8 mesi

La lallazione propriamente detta inizia al quarto mese di vita: è in questo periodo che si verificano dei cambiamenti nella conformazione della bocca che permettono al neonato di modulare i suoni e il volume della voce.

Gli strilli dei primi mesi diventano balbettii, che man mano acquistano sempre più significato. Le abilità linguistiche del bambino si arricchiscono: sa pronunciare le vocali, *a, e, i, o, u,* e alcune sillabe, soprattutto le più importanti, quelle necessarie, per esempio, per dire *ma-ma, pa-pa* o *pappa*.

Con i pochi strumenti che ha a disposizione, il bambino dà un'intonazione alle sue sillabazioni, e a volte si ha persino l'impressione che stia sforzandosi di dire cose sensate: imita, cioè, il tono delle conversazioni degli adulti.
Bisogna, allora, rispondergli, come se si capissero i suoi discorsi, e incoraggiarlo a proseguirli.
Questi colloqui surreali non sono affatto assurdi: stimolano il bambino all'imitazione del linguaggio adulto, e arricchiscono il suo vocabolario di nuove sillabe.

Nel caso di un bambino troppo silenzioso, sta a noi stimolarne la lallazione. Prendiamolo in braccio e teniamo il nostro volto a circa una ventina di centimetri da lui.
Come abbiamo visto, è questa la distanza ottimale per permettere al bambino di mettere a fuoco il nostro viso e la nostra bocca, ed è quella che, istintivamente, le mamme di tutto il mondo adottano quando tengono in braccio il loro piccolo.
Catturiamo il suo sguardo e pronunciamo a voce lenta, alta e chiara le sillabe che vogliamo che impari.
Non stanchiamoci di ripeterle variando il ritmo, esagerando la mimica facciale e alternando toni drammatici ad atteggiamenti buffi o appassionati.
Insceniamo una piccola recita per l'uso esclusivo del nostro unico e pigro spettatore! Più il nostro spettacolo sarà colorito, maggiore sarà la probabilità che il bambino voglia imitarlo.

Dai 9 ai 12 mesi

Il bambino è incoraggiato a ripetere i suoi primi tentativi di colloquio dall'intensità dell'entusiasmo con cui li accogliamo e, soprattutto, se riceve una ricompensa, come una coccola speciale.

È questa la strada per la scoperta del linguaggio. Il passaggio dalla lallazione alla parola sarà, infatti, tanto più veloce quante maggiori saranno le conferme che il bambino riceve.
Lo dimostra il successo universale delle due sillabe *ma-ma*, che acquistano sempre più significato non perché il bambino, per vie misteriose, abbia accesso a questo archetipo universale, ma semplicemente per il fatto che ogni volta che le pronuncia la mamma si illumina di gioia, sorride o compare improvvisamente.
La parola *ba-ba* non riceve lo stesso tipo di conferme, e così non va ad arricchire il suo vocabolario.
Dopo che, per centinaia di volte, ha detto *ma-ma* ed è apparsa la mamma, il bambino impara a far corrispondere a *ma-ma* l'immagine mentale della mamma: ha compiuto un'astrazione!
Da questo momento, è nato il linguaggio.

Dopo i 12 mesi

È verso i 12 mesi che i bambini acquisiscono un piccolo patrimonio di 4-5 parole. Non vi è però nulla di strano se alcuni sono un po' più precoci, mentre altri preferiscono aspettare.
Tra i 18 e i 24 mesi, il vocabolario si compone di circa 50 vocaboli, che arrivano a essere 10 000 tra i 4 e i 5 anni.

Più complessa è l'evoluzione della struttura del linguaggio. Le prime preposizioni, gli articoli, alcune voci del verbo essere (*sono*, *è*, *sei)* si sviluppano solo dopo i 2 anni e mezzo, e dipende molto dal modo con cui ci si rivolge al bambino (se l'impianto delle frasi che pronuncia rimane primitivo, o diventa invece articolato e flessibile).

Se la comunicazione si inceppa

Tra i 2 e i 4 anni, alcuni bambini, dopo essersi impadroniti di un discreto numero di parole, tutto a un tratto, nel corso di una conversazione, si inceppano: «*Eeeeh... Uuuuh... Mmmm...*» Tengono sospesa una lettera, e non riescono a finire il discorso.
A volte iniziano anche a balbettare, si innervosiscono, si scoraggiano e sono sopraffatti da una rabbia impotente.

Non ci si deve preoccupare. Il flusso delle idee e dei concetti che vogliono trasmettere è troppo impetuoso per essere espresso adeguatamente con le poche parole o la scarsa esperienza lessicale che possiedono. Si forma allora una specie di 'ingorgo' che ferma il flusso del linguaggio.
Non bisogna però lasciarsi ingannare: non sempre la fluidità nel parlare è proporzionale all'intelligenza. Il bambino che ha una buona parlantina non è necessariamente più intelligente di quello che inciampa sulle parole o sbaglia a pronunciarle.
«Tutti i bambini parlano molto presto, occorre solo vedere in che lingua: possono esprimersi a parole, a gesti o in bambinese», afferma la specialista dello sviluppo del linguaggio Jean Berko Gleason.

Per andare in Grecia abbiamo preso il draghetto.
(Jonathan, 3 anni)

Quando ci sono gli ingordi stradali, papà si arrabbia.
(Alberto, 4 anni)

Quando inizia a esprimersi

Nell'acquisire la conoscenza di una parola, il bambino passa attraverso tre fasi.

1. Prima la riconosce quando la sente pronunciare.
2. Poi la pronuncia quando vede l'oggetto a cui corrisponde.
3. Infine, la richiama alla mente in modo autonomo anche quando l'oggetto non è presente.

Ecco come possiamo aiutarlo a portare avanti queste conquiste.

- Quando non parla ancora, o inizia appena a farlo, additiamo un oggetto e pronunciamo chiaramente la parola, più volte e in occasioni diverse.
- È anche importante che il bambino sia in grado di richiamare alla mente in modo autonomo una parola: possiamo additare un oggetto chiedendogli di nominarlo.

- Possiamo inoltre rivolgergli domande del tipo: «*Dov'è la sedia?*», «*Dov'è il volante? Dov'è il parabrezza? Dov'è lo scaldabagno?*», rendendo sempre più difficile e meno ovvia la risposta.
- Proponiamo dei semplici indovinelli: «*Che cos'è che si muove e ha le ruote?*», ricordandoci che le risposte possono essere più di una.

Cinque proposte per dargli la parola

1. Non premiare il mutismo

Mentre noi tiriamo fuori dal frigorifero latte e frutta e iniziamo a preparare un frullato, l'occhio lungo del bambino seduto sul seggiolone vede la scena.
Il piccolo inizia a 'ballare', allunga le manine e alterna gridolini di piacere a urla di disperazione, oppure scoppia in un pianto disperato.

La sua motivazione a esprimere i propri desideri è elevatissima: a tutti i costi, vuole il frullato!
Sarebbe sbagliato accorrere premurosi e accontentarlo senza insegnargli la parola di cui ha bisogno.
Ma come fare, se non la conosce ancora?

Il modo migliore, suggerisce Reuven Feuerstein, è dare al bambino un'alternativa.
Tenendo in mano un bicchiere d'acqua e uno di frullato, gli chiederemo: «*Vuoi l'acqua o il frullato?*»
Il bambino non si sente frustrato perché gli offriamo il modo di imparare la nuova parola; inoltre, dovendo scegliere tra più alternative, è costretto a cercare di pronunciarla; infine, è fortemente motivato a impararla per ottenere quello che vuole.

«Si ottiene anche un altro risultato», sottolinea Feuerstein. «Potendo usare la parola, il bambino non si sentirà costretto a manifestare i suoi desideri gridando, piangendo o facendo quello che i genitori definiscono *fare i capricci*. La parola diventa il mezzo più adatto ed efficace per esprimere ciò che vuole, e qualsiasi altro mezzo diventa obsoleto, inefficace, inadatto.»

2. Usare un esempio per spiegare il significato delle parole

«*Questo è un* baa-raatt-ttoo-loo, *si usa per metterci dentro delle cose piccole, per esempio i piselli, il riso, oppure delle salse, come la salsa di pomodoro che a te piace tanto. Adesso prova a ripetere la parola* baa-raatt-ttoo-loo!»

Mettendo la nuova parola in un contesto (i piselli, il riso e la salsa di pomodoro) si aiuta il bambino a collocarla nel piccolo universo che sta creando nella sua testa.

Ricordandogli il piacere che prova davanti a un piatto di spaghetti con la salsa di pomodoro, colleghiamo la nuova parola a un'esperienza 'emotiva', aumentando ulteriormente la probabilità che il bambino la ricordi.

3. Nominare un oggetto che non è presente

Conoscere una parola è poter immaginare l'oggetto cui si riferisce senza averlo, necessariamente, davanti agli occhi.
È importante offrire al bambino possibilità concrete per praticare questo sforzo di immaginazione.

Poniamogli allora delle domande che lo inducono a immaginare quello che stiamo dicendo. Possiamo, per esempio, chiedergli: «*Vuoi andare al parco dove puoi giocare con gli amici, oppure allo zoo, dove ci sono tutti gli animali?*»
Anche se non conosce le parole 'parco' o 'zoo', può comunque scegliere dove andare basandosi su altre parole a lui già familiari: capisce che il parco è messo in relazione con 'amici' e 'giochi', mentre lo zoo ha a che fare con tutti gli 'animali'.

I due concetti, 'parco' e 'zoo', rimarranno probabilmente confusi, e solo con l'uso diventeranno sempre più precisi. Per verificarlo, alla prossima occasione proponiamo la scelta tra parco e zoo, senza però dare alcuna spiegazione delle due parole.

4. *Dare un nome alle attività quotidiane*

Quando apro l'armadio per tirare fuori la giacca, mio figlio Francesco corre alla porta e mi aspetta. Capisce che stiamo uscendo. Per tutto il giorno mi segue, e intuisce sempre tutto ciò che sta per accadere: fare il bagnetto, preparare la cena, aprire la porta per l'arrivo del papà.

(Ludovica, mamma di Francesco, 15 mesi)

Ma se Francesco è in grado di *anticipare* quello che sta per accadere, non è detto che conosca le parole *passeggiata, bagno, arrivo.* Sfruttiamo allora le occasioni nelle quali il bambino si sente coinvolto per fornirgli le parole che le descrivono.

5. *'Leggere' insieme un libro*

Sfogliare un libro illustrato con il bambino è uno dei modi più efficaci e divertenti di insegnare nuove parole.
Occorre procedere per gradi, iniziando con figure di oggetti che per lui sono familiari.
Per riconoscere una figura, il bambino deve infatti fare un duplice processo di astrazione:

- dall'oggetto concreto alla sua immagine;
- dall'immagine alla parola.

E tanto più astratta e stilizzata sarà la rappresentazione dell'oggetto, quanto più difficili saranno i passaggi.

Per facilitare questa serie di acrobatiche astrazioni, prepariamogli il suo primo album.
Prendiamo disegni o foto di oggetti di cui conosce il nome, possibilmente di grandezza uguale all'originale. Incolliamo le immagini su una serie di cartoncini, in modo che possa tenerle in mano e paragonarle all'originale. Riuniamole poi in un rilegatore: è un buon inizio per abituarlo all'astrazione dell'immagine e del disegno.
Ben presto sostituiremo queste prime figure con altre molto più complesse, scelte dallo stesso bambino e, man mano che riuscirà a rico-

noscerle, diventerà meno pressante la necessità di metterle in relazione con gli oggetti cui si riferiscono.

Guardando le figure, il bambino fantastica, creando un mondo tutto suo e soffermandosi su dettagli che difficilmente potrebbero essere analizzati in una situazione reale.

Se a 2 anni ancora non parla

È questo un problema molto comune, e che comunque preoccupa in modo particolare.
È importante rendersi conto che, al di là di quello che dicono le tabelle sullo sviluppo del linguaggio, vi sono notevoli differenze nei tempi con cui ogni bambino apprende a parlare.
Ciò dipende non solo dagli stimoli forniti dall'ambiente, ma anche dal tipo di personalità. Come tra gli adulti, anche tra i bambini esistono i chiacchieroni e i taciturni.
Se a 2 anni il bambino non parla, si devono distinguere vari casi.

- **Non parla, ma capisce tutto**. Il bimbo esegue senza problemi ordini semplici, sa percepire suoni anche poco intensi come rumori leggeri.
Con ogni probabilità non gli si parla abbastanza, oppure non si esige che parli e ci si accontenta dei suoi gesti.
In altri casi, il suo 'mutismo' può essere dovuto al fatto che gli si parla contemporaneamente in due lingue: gli ci vorrà allora un po' più di tempo per decidere come esprimersi.
Spesso, è sufficiente mandare il piccolo all'asilo, farlo giocare con altri bambini o stimolarlo maggiormente a ripetere le parole: in poco tempo dovrebbe iniziare a parlare.

- **Non parla e non sembra capire ciò che gli si dice**. Tuttavia per il resto appare sveglio, gioca, cerca di comunicare con gli altri; a volte, se non riesce a farsi capire, è preso da collere violente. Potrebbe trattarsi di un disturbo dell'udito: è opportuno farlo visitare da uno specialista. Con le opportune terapie, spesso è possibile il recupero completo del linguaggio.

- Solamente in rari casi un grave ritardo nel linguaggio è dovuto a disturbi della personalità.

C'è, ma non si vede

ovvero La mediazione della capacità di astrazione

Nel leggere le proposte fin qui fatte, che bisogno c'è, ci si domanda, di *insegnare* il linguaggio? Non è qualcosa che i bambini apprendono spontaneamente dall'interazione quotidiana con i genitori, con i compagni di gioco e, più tardi, a scuola?

Non c'è dubbio che, prima o poi, tutti imparino a parlare. Allora, perché preoccuparsi di stimolare lo sviluppo del linguaggio?

Solo attraverso la parola si dà ordine al mondo

Per un motivo molto semplice, spiegano gli studiosi del linguaggio: è solo attraverso la parola che abbiamo la possibilità di ragionare e di 'dare un ordine' al mondo.

Più parole possediamo, più facile sarà per noi destreggiarci nel descrivere la realtà che ci circonda, nel fare paragoni, nello stabilire relazioni tra cose apparentemente senza somiglianze, nel derivare regole generali partendo dall'analisi di un oggetto particolare.
In breve, le parole sono gli strumenti che abbiamo a disposizione per utilizzare la nostra intelligenza.

Un esempio potrà rendere più chiaro questo concetto.
Il piccolo Ludovico conosce *Bob*, il suo cane: è un grosso pastore tedesco che abbaia, si muove, mangia, cammina su quattro zampe e si rotola per terra per farlo ridere.

Supponiamo che nessuno gli abbia detto che una cosa così si chiama *cane*. Ludovico esce di casa e si imbatte nel boxer del vicino; chiede al papà che cos'è, e il papà gli risponde: «*È Lu*», dato che conosce il nome del cane.

Riuscirà Ludovico a mettere in relazione *Bob* e *Lu*? A farsi l'idea astratta di *cane*, nonostante che, all'apparenza, *Bob* e *Lu* presentino notevoli differenze tra loro? Probabilmente no, e, sicuramente, non la prima volta che vede *Lu*. Se invece qualcuno avesse detto a Ludovico che *Bob* è un cane e il papà gli avesse spiegato che anche *Lu* è un cane, avrebbe imparato che i cani hanno quattro zampe, solitamente sono portati al guinzaglio, a volte abbaiano, corrono, fanno la guardia... Scriveva cinquant'anni fa lo psicologo Gaston Viaud nel suo libro *L'intelligence, son évolution et ses formes* (L'intelligenza, la sua evoluzione e le sue forme):

Il concetto è un simbolo astratto e generale, che è la somma di tutte le conoscenze che possediamo su una classe di cose o di esseri e che all'occorrenza possiamo evocare. Non è solo una conoscenza unificata, ma rende costantemente possibile l'evocazione di tutto il nostro sapere... Il nostro pensiero forma una rete ininterrotta, di cui ogni maglia è un concetto...

- Proviamo a immaginare una classe di prima elementare. Giorgio è un bambino che è stato stimolato nell'apprendimento del linguaggio, Sergio, invece, ha imparato quello che sa dal caso.
- Il maestro parla del *martello* e dice che è di *ferro*, un *metallo*.
- Nella testolina di Giorgio, all'ascolto di queste parole, si accendono una miriade di lampadine: di ferro sono fatte le carrozzerie delle *macchine*, i metalli si trovano sotto *terra*, anche l'*argento* è un metallo, i metalli sono *duri* e ci vuole un *fuoco* molto alto per *scioglierli*...
- Nella testolina di Sergio, invece, la parola *ferro* lampeggia solitaria nel buio, non si collega a null'altro, e non è in grado di scatenare quello sfarfallio di lampi capace di illuminare una struttura che si dirama in tutte le direzioni.

Continua Gaston Viaud:
I concetti sono rubriche generali in cui classifichiamo, secondo le loro proprietà, gli oggetti della nostra esperienza sensibile. Grazie alle parole formiamo una rete ininterrotta che racchiude l'insieme del nostro sapere: una vasta organizzazione di idee, tenuta continuamente a disposizione dalle nostre abitudini verbali.

La parola-concetto

Come fare ad aiutare un bambino a creare la magica rete di parole-concetti che danno ordine e arricchiscono il suo universo mentale? Dobbiamo trasformarci in insopportabili grilli parlanti che lo correggono continuamente?

No, se così fosse non faremmo altro che portarlo a odiare le parole. L'obiettivo principale non è quello di aumentare il patrimonio di parole a disposizione del bambino, quanto piuttosto di *andare oltre* il semplice fatto di insegnargli nuovi termini e fornirgli, invece, gli strumenti necessari per creare una serie di relazioni tra i concetti espressi con le parole.

In sé, non è importante che il bambino impari a dire *tazza,* o *cup* come gli inglesi, oppure *Becher* come i tedeschi, ma che ne abbia ben chiara l'immagine mentale: sappia a che cosa serve, qual è la differenza tra una tazza e un bicchiere, che tipo di forma può avere, qual è l'uso che se ne può fare, a quale categoria appartiene, se a quella delle stoviglie piuttosto che a quella delle posate...

Ho la passione delle uova, ma dicono di non mangiarle sempre.
Allora ho domandato se fanno male.
No, ha spiegato il papà, le uova in sé non fanno male.
Allora compriamo uova in sé, dico io...
(Jonathan, 5 anni)

La parola per comunicare

Man mano, il bambino si rende conto che attraverso la parola riesce a comunicare con gli altri, a stabilire amicizie, a esprimere emozioni. Insegnare ai nostri figli a usare con piena padronanza il linguaggio, ricavandone tutte le espressioni, le intonazioni e le sfumature, non è quindi fornire loro soltanto uno strumento essenziale perché possano comunicare il loro pensiero in modo efficace e preciso.
È anche, come insegna la psicanalisi, il primo passo per sciogliere i

nodi emotivi, attribuendo un nome ai propri sentimenti. Per questa ragione, gli esperti pongono l'accento sulla necessità di esporre il bambino, fin dai primi anni di vita, a un linguaggio il più possibile ricco, preciso e appropriato.

- Le occasioni per trasmettere il gusto della parola sono innumerevoli. Sta a noi sfruttarle anziché cercare di semplificare e impoverire la lingua solo perché si pensa che i bambini non possano capire. Se riescono a comprendere e ad usare parole come *Internet*, *videogioco*, *ascensore*, non c'è ragione per non utilizzare termini come *interno*, *visione*, *estremità*.

- Non è nemmeno importante che il bambino, se molto piccolo, sia in grado di ripetere questi termini. Come sappiamo per esperienza, quando cerchiamo di imparare una nuova lingua comprendiamo molte più parole di quelle che siamo in grado di usare.
Con il tempo, a forza di sentirle, il bambino imparerà anche a pronunciarle correttamente.
L'immagine è comunque già fissata nella mente, e potrà attingervi per mettere ordine nelle proprie idee.

L''albero delle parole'

Quando abbiamo tempo e voglia, si può giocare a costruire l''albero delle parole': partire, cioè, da una parola, e 'farla crescere' arricchendola di particolari, proprietà, verbi, avverbi e inquadrandola all'interno di categorie sempre più ampie ed astratte.

Per aiutarci a far crescere, in modo sistematico, le innumerevoli diramazioni del meraviglioso albero di parole che stiamo cercando di formare nella testa dei nostri figli, Reuven Feuerstein suggerisce di scegliere un oggetto e di espanderlo in cinque direzioni:

- elencando prima le *parti*;
- poi gli *aggettivi* che ne descrivono le caratteristiche;
- i *verbi* che vi si riferiscono;
- gli *avverbi* che indicano il modo con cui il verbo agisce;

• da ultimo, ed è questa la parte più stimolante nel processo dell'acquisizione della parola, la *categoria* cui l'oggetto appartiene.

All'inizio, è bene scegliere oggetti e parole che il bambino usa e conosce bene per poi inoltrarci, secondo l'età, in percorsi più ardui. Benché intenzionale, l'arricchimento del linguaggio non deve essere vissuto come un incubo. Va gestito con intelligenza, umorismo e senso della misura.

«L'apprendimento del linguaggio è un processo dinamico,» scrive Feuerstein, «e si impara meglio in una situazione reale che durante una lezione a scuola.»

Come esempio, prendiamo la parola *uva* e vediamo come si può diramare, seguendo le cinque direzioni sopra descritte.

1. Le parti

Il modo più semplice per arricchire una parola è raccontarne le parti. Ovviamente la descrizione sarà più o meno dettagliata a seconda dell'età del bambino.

Le parti dell'uva sono gli *acini* o *chicchi* o *vinaccioli,* la *buccia,* il *picciolo,* il *raspo* o *graspo,* il *grappolo,* il *succo...*

Arrivati al *succo*, se il bambino è abbastanza grande o particolarmente curioso, ci si può diramare e iniziare a parlare del vino, delle vigne, della vendemmia, delle cantine e delle osterie...

2. Gli aggettivi

Si parte dalle caratteristiche più evidenti come il colore: *bianca, nera, rosata*; la forma: *tonda, ovale, oblunga*; le dimensioni: *grande, piccola, gigantesca*, *enorme*; i tipi: *da pasto, da vino, da serbare, passita*; il gusto: *dolce, aspro, zuccherino, acido*; l'odore: *profumato, inodore, aromatico, intenso, delicato, muschiato*; l'aspetto: *turgido, appassito, ammuffito, appiccicoso...*

3. I verbi

Sono le azioni collegate all'uva: *lavare*, *raccogliere, mangiare, assaggiare, gustare, spremere, pigiare, comprare, acquistare, mondare, appassire...*

4. Gli avverbi

Gli avverbi sono parole che descrivono il modo con cui si compie un'azione: l'uva si lava *accuratamente*, si raccoglie *sistematicamente*, si mangia *lentamente*, si spreme *completamente*, si compra *vantaggiosamente*, si monda *minuziosamente*, si appassisce *lentamente...*

5. Le categorie

È questa la parte più difficile e stimolante della ricerca sulle parole. Attraverso le categorie, si mette ordine nell'universo del nostro linguaggio, si stabiliscono delle gerarchie, si fanno delle associazioni.

L'uva appartiene alla categoria del *cibo,* all'interno della quale si colloca tra i *vegetali,* e quindi tra i *frutti.*
Tra questi si caratterizza per essere *a bacca* come i mirtilli e il ribes, oppure per la peculiarità di produrre un succo, come le arance, ma anche per la sua proprietà di essere essiccata, come le albicocche, o di essere fermentata, come le mele da cui si ricava il sidro...

Oppure può essere considerata una pianta *decorativa*, che dona ombra nei pergolati delle terrazze e dei giardini...

Non dobbiamo necessariamente esplorare tutte le diramazioni ogni volta che pronunciamo una parola, possiamo però aggiungere sempre un frammento di informazione.

«*Butta il raspo nella pattumiera.*»
«*Assaggia quest'uva, dimmi se è aspra.*»
«*Guarda quest'uva: si chiama 'regina' perché i suoi chicchi sono molto grandi.*»

L'arricchimento della parola 'uva'

Parti	Aggettivi	Verbi	Avverbi	Categorie
acini	tonda	lavare	accuratamente	cibo
chicchi	ovale	raccogliere	sistematicamente	vegetale
vinaccioli	oblunga	mangiare	lentamente	frutto
buccia	grande	spremere	completamente	a bacca
picciolo	piccola	pigiare	vantaggiosamente	da succo
raspo	gigantesca	comprare	minuziosamente	da essiccare
graspo	enorme	acquistare	...	da fermentare
grappolo	da pasto	mondare		da decorazione
racimolo	da vino	appassire		per pergolati
succo	da serbare	...		...
...	passita			
	dolce			
	aspra			
	zuccherina			
	acida			
	appiccicosa			
	profumata			
	inodore			
	aromatica			
	intensa			
	delicata			
	muschiata			
	turgida			
	appassita			
	ammuffita			
	...			

Sei consigli per arricchire il linguaggio

1. *Dopo i 3 anni, non rivolgiamoci al bambino in modo infantile*

L'italiano, a differenza di altre lingue, come per esempio l'inglese, abbonda di diminutivi (bac*ino*, man*ina*) e vezzeggiativi (*casa* diventa *casuccia*). Questo fa parte dello spirito della lingua, e possiamo ricorrervi tranquillamente quando ci rivolgiamo a bambini molto piccoli.

In uno sforzo di identificazione con il bambino, spesso però usiamo anche termini propri del gergo infantile, come *carnina* o *ciccina* al posto di *carne*, o arriviamo a semplificazioni estreme, come: «*Dammi manina*», anziché: «*Dammi la manina.*»
Alla lunga, quest'atteggiamento rischia di racchiudere il bambino in una gabbia linguistica dalla quale stenterà a uscire quando vorrà impadronirsi di un linguaggio più appropriato.

Giochi da viaggio

Un modo divertente di insegnare nuove parole ai bambini, oltre che di ammazzare il tempo quando si è in automobile imbottigliati nel traffico, è fare insieme dei giochi di parole.

- Sempre valido è il vecchio gioco *È arrivato un bastimento carico di...*
Chi dirige il gioco pronuncia la frase e sceglie, a caso, una lettera dell'alfabeto, per esempio la 'S'; poi chiama per nome un giocatore che deve rispondere immediatamente, indicando un genere di 'merce' il cui nome incominci con la lettera prescelta, per esempio *scarpe* o *scope*. Chi non sa completare la frase, o indica un tipo di 'merce' già detta da altri perde un punto. Alla fine del gioco, chi ha accumulato il numero maggiore di punti negativi deve sottoporsi a una penitenza.

- Più divertente e difficile è il *Gioco del viaggiatore.*
Il capogioco dice: «*Sei andato a...*» e sceglie, a caso, una lettera dell'alfabeto. Chiama quindi un giocatore, il quale deve rispondere indicando il nome di una città che inizia con la lettera prescelta e formare una frase di tre parole, che iniziano tutte con la stessa lettera. Per esempio:

«*Vado ad **A**ncona per **a**ggiustare **a**ttaccapanni **a**rrugginiti.*»
«*Vado a **C**omo per **c**ucinare **c**avoli **c**rudi...*»

Le frasi che si formano sono spesso assurde o buffe, e offrono una buona occasione per stimolare il pensiero divergente (*si veda* a pag. 83) e creativo.

- Possiamo anche fare il *Gioco della descrizione*. Si sceglie un oggetto: il tavolo, una casa, l'albero o il pallone, e ognuno dice una parola che abbia a che fare con il tema scelto.

- Oppure il *Gioco dei contrari, dei sinonimi, di tutte le parole che finiscono con...*

Ciò non significa che bisogna rivolgersi ai bambini come se fossero adulti: seguiamo l'istinto e parliamo lentamente, dando un particolare accento alle intonazioni, come fanno tutte le mamme del mondo. Ci capiranno anche se non useremo parole improprie o forme sintattiche scorrette o povere.
È stato dimostrato, infatti, che più un bimbo è esposto a un vocabolario ricco e ad una sintassi complessa, più rapidamente acquisisce la capacità di esprimersi.

2. *Non correggiamolo di fronte agli altri*

Giorgio

Per l'occasione, Giorgio, 8 anni, con i capelli tirati a spazzola, ha indossato la camicia e si è messo il farfallino. Ora tende orgoglioso la mano al dottor Ribolla, il direttore della banca dove lavora il papà, che è venuto a cena a casa loro.
«*Ciao, come ti chiami? Io sono Giorgio.*»
Il papà sente la sua pressione schizzare a 200. Fulmina il figlio con lo sguardo, gli mette una mano 'protettiva' sulla spalla, approfittandone per dargli una strizzatina alla clavicola, e sibila: «*Quante volte ti ho detto che agli adulti si dà del* lei*?*»
Per il resto della serata Giorgio, di solito aperto e comunicativo, risponde a monosillabi, e pensa alla scenata che lo aspetta appena il dottore metterà i piedi fuori della porta.

Non avendo molte occasioni di frequentare gli adulti, è molto facile che un bambino si rivolga con il *tu* o con troppa confidenza a una persona che vorremo fosse trattata in modo meno familiare.
Gli può anche scappare un «*se avrei*» oppure un «*gli ho detto*» riferito alla cuginetta...

Gli errori vanno corretti, ma mai di fronte agli altri: il bambino si sentirebbe umiliato, perderebbe il filo del discorso e soprattutto la voglia di comunicare.
Dopo, con calma, prendiamolo da parte e parliamogli con dolcezza, mettendo in luce i suoi lati positivi. Nulla è più frustrante che sentire giudizi negativi sul proprio conto.

Allo stesso tempo, aiutiamo il piccolo a prendere coscienza dei suoi miglioramenti.

«Oggi sei riuscito a leggere una parola di quattro sillabe.»
«Ti ricordi quando non riuscivi a pronunciare 'fidanzato' e dicevi 'divanzato'?»

In questo modo il bambino impara a riflettere su se stesso e ad avere maggiore fiducia nelle sue capacità di cambiamento.

3. *Impariamo ad ascoltarlo senza interromperlo*

Giovanna

Tutta eccitata, Giovanna torna dalla scuola, dove ha assistito a uno spettacolo di marionette.
Seduta a tavola, tra un cucchiaio di minestra e l'altro, racconta la trama della favola con grande sfoggio di esclamazioni e gridolini, imitando con i gesti e le espressioni del viso i personaggi che più l'hanno colpita.
Le frasi restano a metà, gli anacoluti si sprecano e i verbi, privi di soggetto, rimangono penzoloni. Ma noi la capiamo benissimo e ci divertiamo un mondo.
Mentre ci godiamo lo spettacolo, siamo colti da un dubbio: e se dovesse scrivere in un tema ciò che racconta con tanta bravura?
Richiamati al nostro ruolo pedagogico, ci sentiamo in dovere di intervenire: «Giovanna, non si dice: 'Che bello, era come se vivevamo in un sogno!' 'Vivessimo'! Non 'vivevamo'!»
L'incanto è rotto. Giovanna perde il filo del racconto, si interrompe e chiude la comunicazione.

Cos'è che non ha funzionato?
Semplicemente, le nostre intenzioni e quelle di Giovanna non erano le stesse: lei desiderava trasmetterci il suo entusiasmo, noi volevamo insegnarle a esprimersi.
È quello che Reuven Feuerstein chiama 'mancanza di intenzionalità e reciprocità'.

Per porvi rimedio, prima di intervenire, prima di interrompere un discorso del bambino, poniamoci sempre la domanda:

«*Perché glielo sto dicendo? Che cosa voglio comunicare? In questo momento il bambino è disposto a recepire il mio messaggio?*»

Nel caso di Giovanna, inoltre, la parola è solo uno dei fattori in gioco, e nemmeno il più importante.
Gli studiosi hanno infatti cercato di quantificare il ruolo di ciascun elemento della comunicazione: il 58% è dato dal linguaggio corporeo, il 35% dal tono della voce e solo il 7%, appunto, dalle parole che si utilizzano.
Ma, al di là delle percentuali, è indubitabile che i gesti, lo sguardo, l'intonazione della voce, il ritmo, perfino le pause tra una frase e l'altra, siano elementi essenziali per una buona comunicazione, ed è questo che la bambina stava sperimentando.

È quindi importante non reprimere i bambini nella loro spontaneità espressiva, soprattutto quando raccontano qualcosa che li tocca emotivamente.
Per correggere la sintassi avremo altre occasioni, per esempio quando sono impegnati nei compiti.

4. *Consideriamo il significato reale delle parole*

«*La pizza è allucinante.*»
«*Il film è allucinante.*»
«*Il prezzo del biglietto è allucinante.*»
«*Il protagonista del film è allucinante.*»
«*In casa nostra suona sempre il telefono: è allucinante.*»

Tutto il mondo è disegnato con un unico aggettivo. Anziché descrivere con precisione, la parola si adatta indifferentemente a qualsiasi situazione e diventa uno stereotipo, parola che deriva dal greco *stereo*, cioè 'rigido', 'fermo', 'senza vita'.
A dispetto delle suggestioni esercitate dagli amici o dalla televisione, il nostro modo di parlare ha una grande influenza sui bambini. Per

questo è importante fare attenzione al senso di ciò che si dice e scegliere le parole che corrispondono a quello che si vuole realmente comunicare.

- La pasta della pizza era *gommosa*, il film *ripetitivo*, il prezzo del biglietto *eccessivo*, l'attore *poco espressivo*, le telefonate *insopportabili.*

Quando parliamo con i nostri figli cerchiamo di arricchire il nostro racconto con parole che esprimano i nostri giudizi e le nostre emozioni. In tal modo, li incoraggiamo ad arricchire il linguaggio, a impadronirsi dei sinonimi, a inventare paragoni, a scoprire nuove immagini.

5. *Facciamogli capire quali sentimenti suscita negli altri*

Adattare le proprie parole all'interlocutore e trovare il tono adatto per ogni situazione non è sempre facile.

Tuttavia, a partire dalla famiglia, i bambini possono iniziare a comprendere che vi sono modelli di comportamento e sensibilità diverse di cui bisogna tener conto quando ci si rivolge a qualcuno.

Io e *mio* sono le parole che il bambino impara per prime, forse perché gli servono a distinguere se stesso dagli altri: appropriandosi della sua personalità, egli riconosce anche quella dei genitori come qualcosa di distaccato dalla sua.
Ed è a questa sua individualità che possiamo appellarci per insegnargli a tener conto delle sensibilità degli interlocutori.

«*Ai* nonni *questo linguaggio dà fastidio*.»
«Con me *ti chiedo di usare un altro tono*.»
«*Ti piacerebbe che* ti *parlassi in questo modo, come tu stai parlando* a me?»

Il discorso può essere capovolto: le parole possono ferire, ma anche rendere felici.

6. *Cerchiamo di limitare l'uso delle parolacce*

Se la nostra bambina di 8 anni quando torna a casa sbatte la porta, e dice che il suo maestro di danza è uno *stronzo*, la cosa può essere interpretata in un'infinità di modi diversi.
Possiamo pensare che il maestro sia sciocco, incompetente, troppo severo o poco di polso, oppure che non sia imparziale.
In pratica, non abbiamo alcuna informazione precisa su che cosa la bambina abbia voluto dire con quel termine.
Ma, ancora più importante, è che anche lei, forse, non ha chiarito i motivi per cui lo usa.

Chi dice continuamente parolacce si comporta come quei venditori che si esprimono gridando, per catturare l'attenzione ed evitare di descrivere effettivamente le loro merci.
È come usare un megafono: al momento può fare effetto sugli altri, ma non si riescono a comunicare davvero emozioni e ragionamenti.

Possiamo invitare la nostra bambina, allora, a spiegarsi meglio, sostituendo la parolaccia con altri termini più appropriati, a favore di una comunicazione meno telegrafica e più efficace.
In questo caso non si tratta di far lezioni di scienza del linguaggio a bambini delle elementari, ma di convincerli che la parolaccia, oltre a esprimere una povertà verbale, veicola una quantità di considerazioni e sentimenti molto diversi.

Spiega lo psicologo Giovanni Marcazzan: «La parolaccia fa parte di un linguaggio 'tronco', mutilato, figlio di un'epoca che vive sotto il segno della velocità. Va di moda perché segue la stessa logica dello spot, del fumetto. Ma tanto più non è sostenuta dall'immagine, come in questi casi, quanto più rivela i suoi limiti, la sua miseria».

Sei troppo piccolo per queste cose

ovvero La mediazione del comportamento imitativo

> *Appena mi faccio un graffio io divento una lagna. In questo, per fortuna, ho preso tutto dal mio papà.*
>
> (Germana, 4 anni)

Lo psicologo americano Andrew Meltzoff fece un esperimento che coinvolse 40 bambini di 14 mesi di età, divisi in due gruppi: al primo gruppo fu mostrato un video nel quale si spiegava come scomporre i pezzi di un giocattolo, mentre al secondo non fu fatto vedere nulla.
Dopo aver guardato il filmato, 13 bambini, il 65% del primo gruppo, furono in grado di scomporre il giocattolo, mentre solo 6 del secondo riuscirono a farlo.
Ciò che maggiormente stupì il ricercatore fu che, il giorno dopo la proiezione del filmato, il 40% dei bambini del primo gruppo era ancora capace di separare le parti del giocattolo.
Non solo i bambini imparano, concluse A. Meltzoff, ma si ricordano quanto hanno appreso e la loro memoria è tenace: ricerche condotte su piccoli di un anno dimostrano che sono in grado di ripetere esercizi che avevano visto fino a 4 settimane prima, senza che, nel frattempo, avessero avuto la possibilità di praticarli.

I primi, inconsapevoli, maestri

Da buoni scienziati in erba, i bambini imparano osservando quanto capita attorno a loro. Sono degli ottimi imitatori.
Sempre Andrew Meltzoff ha constatato che, mediamente, 42 minuti dopo la nascita, i neonati già imitano la mamma quando tira fuori la lingua, sorride o fa il broncio. Una capacità di osservazione straordinaria, che con il passare dei mesi diventa sempre più raffinata.

A 12 mesi, prima ancora che siano capaci di parlare, prendono il telefono, imitano le chiacchiere della mamma e, se il papà appoggia il martello sul tavolo, sono pronti ad afferrarlo, iniziando a picchiare la prima cosa che capita sotto tiro.

Poiché ancora non sanno leggere, soprattutto nei primi anni di vita, i bambini non hanno altra fonte di informazioni che l'osservazione e l'imitazione, strumenti formidabili per accelerare lo sviluppo intellettivo e la capacità di concentrazione.

Invece di disperarci per i loro pasticci, aiutiamoli nei loro goffi tentativi di imitarci e di 'fare come i grandi'.

«Dài a me, faccio prima!»

Michele, 6 anni, è un bimbetto sveglio, sempre pronto a trafficare. Quando vede la mamma che si accinge a lavare i piatti, si offre volontario: «Io, mamma, io, faccio tutto io!»
Lei non è entusiasta: «Sei troppo piccolo, e rischi di combinare un disastro!»
«Dài, mamma, sono bravo!»
Sale sulla sedia e, senza aspettare una risposta, inizia a versare il detersivo nel lavandino. «Piano, piano! Non così tanto!» commenta la mamma, strappandogli il flacone dalle mani. Poco dopo, la pila di piatti che Michele aveva accatastato crolla, un bicchiere scivola sul pavimento e si rompe. «Visto!? Dài a me, che faccio prima!» dice la mamma, e solleva di peso il bambino facendolo 'atterrare' a fianco del bicchiere andato in pezzi.
«Ma dài, mamma!», protesta deluso Michele, «fammi provare un'altra volta!»

Gli ostacoli da superare

Che cosa ci impedisce di dare al bambino la possibilità di sfidare se stesso, di penetrare in un luogo sconosciuto, di andare oltre a quanto fino a quel momento è stato capace di fare?
Vediamo, uno per uno, i diversi casi.

La fretta

Nell'affidare un compito al bambino si corre sempre qualche rischio. L'esecuzione sarà spesso meno curata di quanto potremmo fare noi. Sicuramente, almeno all'inizio, molto più lenta.

Così, però, il bambino non ha modo di imparare. Non è necessario affidargli tutto il lavoro: quasi sempre anche solo un piccolo aiuto accelera l'esecuzione dell'opera, e lo rende partecipe e autonomo.
«*Ho bisogno di te per asciugare i piatti.*»
«*Dammi una mano, passami il detersivo...*»

La sfiducia

Generalmente si tende a sottovalutare la capacità e l'autonomia dei bambini.

«*Non mi fido a mandarlo da solo dal cartolaio.*»
«*Si troverà spaesato in campeggio, senza conoscere nessuno.*»
«*È timido di natura, e ai giardinetti nessuno lo fa giocare.*»
«*È sempre stato goffo, distratto, pasticcione, impulsivo, pigro...*»

Una volta che ci hanno appioppato un'etichetta, è difficile togliersela di dosso e, quel che è peggio, pian piano, a forza di sentirsi definiti, si tende ad adeguarsi al pregiudizio che gli altri impongono su di noi.

Il perfezionismo

Lorenzo

Lorenzo è alle prese con il computer. Il padre lo osserva, in piedi, dietro le spalle. Lo punzecchia con un'ininterrotta serie di commenti: «No! Più a destra... in alto... clicca! Clicca, ti ho detto. Due volte! No! Troppo veloce! Ti faccio vedere io... Da' a me! Ma non vedi! Te l'avevo detto!»
Clak! Il computer si spegne e, con esso, l'entusiasmo del bambino.

Spesso non accettiamo che il bambino faccia errori, non capisca, sia lento o approssimativo.

Soffriamo se il lavoro non è fatto a regola d'arte e, alla fine, non resistiamo alla tentazione di intervenire, lasciando annegare il bambino in un pozzo di umiliazione.

Il vittimismo

«Tocca sempre a me pensare a tutto.»
«Ma non vedi tutto quello che c'è da fare?»
«Potresti mettere le posate sulla tavola.»

Frasi come queste non sono esplicite richieste di aiuto, ma un modo per esprimere il malumore, l'irritazione, la frustrazione di chi non ha saputo organizzarsi in tempo, o non ha voluto chiedere aiuto al momento opportuno. Sicuramente, non servono a coinvolgere i bambini nel dare una mano e impegnarsi nell'esecuzione del loro compito.

La sostituzione non richiesta

Si è fatta una riunione di famiglia, si sono stabiliti i ruoli, divisi i compiti, fissati gli orari. Ma nessuno prende seriamente le proprie responsabilità. La spazzatura si accumula nella pattumiera, i piatti si ammassano nel lavandino e il gatto rischia di morire di fame.
Invece di richiamare ciascuno all'esecuzione dei propri impegni, non sopportiamo più il disordine e ci sostituiamo a tutti: laviamo i piatti, buttiamo la spazzatura, diamo la pappa al gatto. Tutto torna come prima, fino a quando il nostro malumore cresce provocando un'altra eruzione di recriminazioni.

Quando dice: «Io voglio essere come papà»

L'imitazione è la forma più fondamentale di apprendimento. Abbiamo visto che, ben prima di saper leggere, il bambino parla e capisce. Come ha potuto imparare? Ascoltando e imitando ciò che vede attorno a lui, giocando per ore con le sillabe nella fase della lallazione, buttando lì tentativi di parole sempre più difficili e cercando di comprendere, dalle reazioni degli adulti, se ha indovinato.
Vediamo come aiutarlo.

1. *Non diamo compiti generici o troppo complessi*

Spesso, i compiti che i bambini devono eseguire sono troppo complessi e vasti perché riescano a eseguirli correttamente.
«*Metti a posto la stanza*» è un obiettivo generico per la maggior parte dei bambini. Sentendosi sconfitti in partenza, non cercano nemmeno di cominciare. È bene invece circoscrivere con precisione i compiti da eseguire.

«Prima di andare a dormire, sistemati le scarpe vicino al letto.»
«Ogni volta che ti togli un vestito, riponilo nell'armadio o, se è sporco, mettilo tra i panni da lavare.»

2. *Proponiamo il nostro aiuto solo se lo richiedono*

Nei nostri interventi, oscilliamo tra due poli: o siamo troppo presenti, oppure non ci facciamo coinvolgere.
- Nel primo caso evitiamo che il bambino commetta degli errori ma, contemporaneamente, lo priviamo della possibilità di imparare dai suoi sbagli.
- Nel secondo perdiamo un'occasione per stimolare la sua crescita.

Come possiamo aiutarlo? Ecco un esempio:

Jacopo

Il papà porta Jacopo, 9 anni, nel suo ufficio, dove si trova il pannello di comando della linea di produzione dei frigoriferi. Il bambino rimane estasiato a osservare il balenare dei vari pulsanti multicolori, e si sforza di comprendere il significato delle etichette che ne descrivono le funzioni: Ventilatore, Avviamento, Stop...
Inciampa però in una parola che non ha mai sentito, e che legge a stento.
«Papà, che cos'è 'bidirezionale'?» domanda.
«Scommetto che ci arrivi da solo! Prova un po' a pensare... Cerchiamo delle parole che cominciano con 'bi'.»
«Bicchiere!»
«Un'altra...»
«Biglia!»

«Ancora un'altra...»
«Bicicletta!»
«Ecco! E perché si dice 'bi-cicletta' e invece si dice 'tri-ciclo'?»
«Lo so! Lo so!» grida Jacopo, saltellando dalla gioia. «La bicicletta ha due ruote, e la tricicletta ha tre ruote!
«E bi-direzionale?»
«Ha due direzioni!»
«Hai visto? Ci sei arrivato da solo!»

Il papà ha aiutato Jacopo a trovare il significato della parola ma, al tempo stesso, è riuscito a dargli la soddisfazione di avere contribuito in modo fondamentale all'impresa.
E quel che è più interessante senza mai dirgli: «*Non è giusto!*», «*Hai sbagliato!*» e nemmeno un semplicissimo: «*No*».

Anche nel correggere gli errori è sufficiente suggerire la strada per arrivare alla risposta giusta, senza sottolineare lo sbaglio.

Se di fronte a un garofano, il bambino dice: «*È una rosa*», piuttosto che correggere: «*No, questo è un garofano*», si può chiedere: «*Che cosa ti fa pensare che sia una rosa?*»

3. *Confermiamo la nostra fiducia*

«So che sei capace di imparare ad allacciarti le scarpe da solo.»
«Ti ricordi come sei stato bravo a usare il coltello?»
«Sono sicuro che, dopo un'altra lezione, avrai già imparato a trovare l'area dei rettangoli!»

Il bambino deve sapere che, anche se critichiamo il suo comportamento, abbiamo la massima fiducia in lui e nelle sue capacità.

4. *Non stanchiamoci di ripetere*

Non sorprendiamoci se dovremo ripetere spesso le nostre raccomandazioni. I bambini hanno bisogno di interiorizzare quanto richiediamo. Ed è assolutamente normale che, dopo pochi giorni o poche

ore, tornino a comportarsi come prima del nostro intervento dimenticando ciò che gli abbiamo insegnato.
Per essere assimilate, le nostre direttive e i nostri insegnamenti vanno ripetuti più e più volte.

Che cosa c'entrano Mozart e la musica barocca?

Uno dei modi più efficaci e divertenti per promuovere la mediazione del comportamento imitativo è la musica.
Nel Rinascimento, il tempo della musica veniva chiamato *pulsus,* che in latino significa 'battito', proprio perché era basato sui battiti del cuore, che sono 60 il minuto, ed è questo il ritmo su cui si basano anche le ninne nanne.

La ninna nanna è un motivo semplice che si ripete con variazioni minime, sufficienti a evitare la monotonia, ma tali da rendere sempre riconoscibile il tema originale. È un po' come quando si contano le pecore per addormentarsi: le pecore sono tutte uguali, ma non sono la stessa pecora.

Al pari delle ninne nanne, vi sono musiche che hanno dimostrato di influire positivamente sul benessere fisico e mentale, capaci addirittura di migliorare il lievitare del pane e di avere una benefica influenza anche su animali e piante. Sono le musiche barocche e quelle di Wolfgang Amadeus Mozart, che hanno un ritmo equivalente al battito medio del cuore umano.
Ecco perché, ascoltandole, il ritmo cardiaco e la pressione si normalizzano, come per incanto, e si opera un *incantesimo* nel senso originale della parola: ' condurre dentro il canto'.
Ed ecco perché queste musiche si prestano particolarmente per stimolare la capacità di attenzione e di concentrazione dei bambini.
Capita a tutti noi. Sentiamo una musica e, involontariamente, iniziamo a battere il piede o a tamburellare con le dita sul tavolo, seguendone il ritmo. È come se le onde sonore investissero tutto il nostro organismo e lo costringessero a mettersi in sintonia con le vibrazioni musicali.

Meno inibiti di noi, i bambini, appena sentono le note di uno strumento, battono le mani, sobbalzano sul seggiolone oppure si mettono a ballare.

La loro naturale inclinazione nei confronti del ritmo non va trascurata. Quali sono i vantaggi? Innumerevoli, ha sostenuto il medico e psicologo francese Alfred Tomatis (1920-2001) che fin dagli anni Ottanta aveva studiato gli effetti della musica sull'uomo.
«L'uomo si muove e riesce a mantenere la posizione eretta grazie all'orecchio e, grazie all'orecchio, è capace di esprimere se stesso, ascoltare e *pensare*...»

A ritmo di musica

Esiste davvero una connessione tra musica e sviluppo mentale? Più di due millenni fa, Platone disse: «La musica è più potente di qualunque altro mezzo per l'educazione».

Gli psicologi dell'Università di Irvine, in California, hanno dimostrato che bambini di 4 anni, cui erano state date lezioni di pianoforte per 6 mesi, aumentavano del 34% le loro capacità intellettive nel campo del ragionamento spazio-temporale: «Quando ci si cimenta in qualcosa ad alto livello, come studiare musica, si esercitano aree del cervello molto estese».

- Per iniziare a fare musica con i bambini sono sufficienti una pentola e un cucchiaio di legno. Appena riescono a picchiare con un oggetto su una superficie qualsiasi, sono già pronti per i primi giochi musicali: basta tamburellare un ritmo, e chiedere loro di imitarci.
- Anche se rudimentali, gli strumenti a percussione che accompagnano canzoncine e filastrocche insegnano il ritmo del linguaggio, veloce o lento, forte o piano, e ad aspettare il proprio turno per intervenire, oppure a dare una cadenza alla frase.
- Seguendo il ritmo della musica, e imitandolo, il bambino impara a muoversi armonicamente, a esprimere con il corpo i sentimenti che prova nell'ascoltare una canzone, immaginando di essere una foglia che cade, le onde del mare, un uccello che vola.

Mozart per ogni età

Don Campbell, autore di numerosi libri a proposito dell'effetto della musica sulle capacità intellettive, è uno dei tanti a sostenere che la musica di Mozart sia la migliore per stimolare la creazione di nuove connessioni neuronali. Ecco alcuni brani consigliati da Campbell.

- **Durante la gravidanza**. *Quartetto per archi in re minore* (K421); *Concerto per corno in mi bemolle maggiore* (K417); *Quartetto per archi n. 11* (K171), *Andantino.*
- **Nei primi 18 mesi**. *Sinfonia n. 25 in sol minore* (K183), *Andante; Quartetto n. 20 in re maggiore* (K499), *Adagio.*
- **Dopo i 18 mesi**. *Eine Kleine Nachtmusik* (K525), *Rondò; Variazioni su Ah! Vous dirais-je, Maman* (K265).
- **Dopo i 6 anni**. *Sinfonia n. 6* (K43), *Andante; Sinfonia n. 24* (K182).
- **Dopo gli 8 anni**. *Concerto per violino n. 2 in re maggiore* (K211); *Sinfonia n. 17* (K120).

Ma, attenzione: come abbiamo detto, non tutte le musiche producono lo stesso effetto: secondo numerose ricerche scientifiche, la musica barocca e quella di Mozart sono ricche di simmetrie e modelli ricorrenti, in grado di favorire il potenziamento della mente.

In alcune scuole elementari americane, come la John Eliot di Needham, in Massachusetts, questi principi sono applicati alla lettera.

Quando iniziano le lezioni, accanto a quelle di Mozart, nelle classi risuonano le musiche di G.F. Haendel, A. Vivaldi, J.S. Bach, A. Corelli e G.P. Telemann.

Le loro composizioni, spiegano gli scienziati, riescono a stimolare sia l'emisfero destro sia quello sinistro del cervello, con il risultato di integrare le due funzioni. In tal modo, si inducono nei bambini calma e concentrazione.

Oggi un coro sempre più nutrito di neuroscienziati sembra confermare l'intuizione degli psicologi californiani.

Grazie all'aiuto di tecniche diagnostiche come la risonanza magnetica e la tomografia, si è riusciti infatti ad accertare che l'esposizione al suono della musica barocca, o comunque basata su un ritmo di 60 battute il minuto, durante i primi anni di vita è in grado di rafforzare i circuiti neuronali, e di stimolare la creatività e le aree del cervello specializzate nel favorire la motivazione.

Addirittura, sembra che possa aiutare a conservare alcuni dei milioni di cellule di cui siamo forniti al momento della nascita; cellule che, se non usate, sono destinate ad andare perdute.

Facciamo che eravamo...

ovvero La mediazione del gioco simbolico

«Facciamo che eravamo...» la formula magica trasforma il mondo. Giulio diventa Re Artù, Rosa impersona Clorinda e le poltrone di casa sono gli spalti di un castello.
Nonostante la sintassi zoppicante, la frase annuncia l'inizio di un momento cruciale nello sviluppo intellettivo del bambino: il suo pensiero da concreto diventa simbolico, per la prima volta si inoltra sul percorso instabile dell'ipotesi, attinge al magma delle proprie emozioni, si lascia sollevare nel mondo aereo della creatività. Un'occasione, unica e irripetibile. Una stagione di grazia, breve e intensa, che presto verrà sopraffatta dal grigiore e dalla noia dei compiti.

«Sulla spiaggia di mondi senza fine, i bambini giocano...»

Così scriveva il poeta indiano Rabindranath Tagore (1861-1941).
Il palcoscenico cambia, si estende oltre le pareti del salotto di casa e oltre gli alberi che delimitano il parco. Ha solo il limite della fantasia, dell'improvvisazione, della scoperta e dell'invenzione.

Il supermercato

Francesca e Roberto giocano al 'supermercato'. Uno scatolone diventa la cassa. L'armadietto della cucina viene svuotato e Roberto, dopo un paio di crolli fragorosi, riesce a impilare alcuni barattoli di conserva.
Francesca si divide tra il ruolo di 'cassiera' e quello di 'commessa', mentre Roberto è un 'cliente' puntiglioso e incontentabile...

Che cosa imparano i due bambini frequentando il loro supermercato virtuale? Moltissimo.

Come spiega la psicologa americana Cary S. Schwartz, autrice di diversi testi sul gioco simbolico: «Il gioco di fantasia aiuta i bambini a concentrarsi, a essere attenti, ad avere controllo di se stessi. In questo caso, devono prima installare la cassa, poi disporre i finti barattoli, invitare gli amici a fare la spesa, usare la cassa e mettere la merce nei sacchetti. Tutte queste azioni aiutano ad apprendere la sequenza delle azioni. Nella sua mente, il bambino ha il canovaccio di una storia che lo aiuta a eseguire ogni azione in modo logico e ordinato».

Quando i bambini *fanno finta* devono essere *flessibili*, sostituendo un oggetto che non hanno sotto mano con un altro.
'Facendo finta di' ricorrono al *pensiero simbolico*: il cilindro di cartone del rotolo di carta da cucina si trasforma in un telescopio, in un fucile, nella bacchetta del capobanda, a seconda delle occasioni.

Sviluppano l'*empatia*, l'intelligenza emotiva, la capacità di immedesimarsi nella situazione psicologica dell'altro: si addolorano quando la bambola cade dal passeggino della 'signora', e fingono di andare in brodo di giuggiole per il finto 'cane del vicino di casa'.

La nascita del pensiero astratto

Spiega lo psicologo americano Chris Boyatzis: «Nel gioco simbolico, i bambini imparano a usare una cosa per rappresentarne un'altra, a separare il significato di un oggetto dall'oggetto stesso e a dargli un'identità che non è quella reale».

È, insomma, la nascita del pensiero astratto.
Il processo è lungo e lento. I primi incerti tentativi iniziano verso i 2 anni, e si arricchiscono man mano che il bambino cresce. Lo scenario diventa sempre più complesso, i personaggi acquistano spessore, le scenette si colorano di sentimenti.

Dorothy Singer, ricercatrice presso la Yale University, negli Stati Uniti, descrive le tappe di quella che lei chiama «il momento magico del gioco infantile».

• **A 18 mesi**: il bambino si avvicina alla mamma e le offre da bere in un bicchiere invisibile, presente solo nella sua immaginazione. Il confine tra realtà e fantasia è ancora labile.
In uno studio condotto dai ricercatori americani H.M. Wellman e J.D. Woolley fu chiesto a un gruppo di bambini di età inferiore ai 3 anni di guardare in una scatola vuota; fu poi detto ai bambini di pensare che nella scatola ci fossero dei bottoni. Quando i ricercatori chiesero se i bottoni fossero realmente nella scatola, i bambini risposero di sì. Il risultato dello studio è meno bizzarro di quanto si possa pensare. «I bambini di 3 anni considerano la rappresentazione immaginaria di un oggetto come vera e reale», concludono Wellman e Woolley.

• **Tra i 3 e i 4 anni**, il bambino fa un passo avanti. Attribuisce a un oggetto un significato diverso da quello reale: la federa del cuscino, per esempio, diventa il mantello di Batman, oppure la banana si trasforma in un telefono e la sabbia serve come sale.

• **A 5 anni**, i giochi diventano più complessi, si arricchiscono delle esperienze vissute in famiglia ed a scuola, si trasformano in scenette che preannunciano vere e proprie rappresentazioni teatrali. Oltre a mimare azioni quotidiane, i bambini riescono a esprimere complesse situazioni psicologiche.

Alla scoperta dei simboli e del pensiero ipotetico

Come arriva un bambino a *far finta che...*? A mettersi nei panni di un'altra persona, come la mamma, il maestro, l'astronauta? Per noi adulti sono atteggiamenti scontati, ma per lui sono un'impresa straordinaria che lo condurrà alla conquista del pensiero ipotetico.

Edith Ackermann, ricercatrice del prestigioso Massachusetts Institute of Technology, sostiene che con questo tipo di giochi i bambini formano modelli di situazioni e li usano per mettere in atto delle simulazioni. In tal modo, oltre a far uso di simboli (come lo scatolone che simboleggia la cassa del supermercato) formulano ipotesi: «*Che cosa succede se faccio la cassiera?*»

In alcune scuole elementari, il gioco del *Facciamo finta che...* è utilizzato per l'insegnamento. Per esempio, si chiede a un bambino di *«far finta di essere il sindaco del paese»* e decidere come dirimere la controversia tra gli allevatori di maiali che creano ricchezza per il villaggio e gli abitanti, che sono soffocati dalle esalazioni dei suini. Attraverso la concretezza della rappresentazione, il bambino non solo è in grado di capire la complessità delle situazioni ma, una volta raggiunta una conclusione, la interiorizza, perché ha vissuto personalmente il processo mentale necessario per arrivare a una soluzione.

Quando i pesci vivono sugli alberi

Il gioco del *Facciamo finta che...* sviluppa anche la capacità del bambino di ragionare in modo deduttivo. Per provare questa tesi, gli psicologi Michael e Sheila R. Cole, nel libro *The Development of Children* (Lo sviluppo dei bambini), riportano un esperimento da loro condotto.

A due gruppi di bambini fu proposta la seguente situazione:
«Supponiamo che:
- *tutti i pesci vivono sugli alberi;*
- *Tot è un pesce».*

Ai bambini del primo gruppo non fu detto altro.
Con i bambini del secondo gruppo, invece, il maestro fece finta di essere uno scienziato, proveniente da un altro pianeta, che voleva sapere se Tot potesse vivere nell'acqua.
Alla domanda: «Dove vive Tot?» i bambini del primo gruppo risposero che «vive nell'acqua». Sapevano, infatti, che i pesci vivono nell'acqua, e raccontarono di come avessero visto morire dei pesci che erano stati portati fuori dall'acqua.
Il secondo gruppo sostenne che «Tot vive sugli alberi»: grazie alla premessa del maestro che si fingeva scienziato, i bambini si erano messi nell'ottica di far finta che... *e, correttamente, avevano dedotto che dalla premessa «tutti i pesci vivono sugli alberi», si deve dedurre che, se Tot è un pesce, deve vivere sugli alberi, nonostante quello che ci insegna l'esperienza.*

«Il *Facciamo finta che...*», concludono M. e S. Cole, «aiuta a dedurre conseguenze corrette da una premessa ipotetica e stimola la capacità

di risolvere i problemi liberandoci dalle gabbie mentali che imprigionano la possibilità dell'invenzione e dell'immaginazione.»
Come diceva l'umorista Achille Campanile (1900-1977) riferendosi alla scoperta della legge della gravità fatta da Isaac Newton: «Per fare grandi scoperte, oltre che essere grandi geni, bisogna anche essere un po' scemi. Come può venire in mente a qualcuno che una mela possa cadere in su?»

Imparare a mettersi nei panni degli altri

Verso i 4 anni, il *far finta che...* non si limita solo a immaginare un mondo diverso. Man mano che il bambino acquista questa capacità, riesce anche a immedesimarsi nella situazione psicologica di un'altra persona, a condividerne i sentimenti e, perfino, a conoscere l''altro sé', gli strati più profondi del proprio inconscio, come sostiene la grande psicanalista Melanie Klein (1882-1960).

Nei primi tentativi, il gioco consisterà nel coprire il ruolo di un'altra persona: il padrone di un negozio, il bambino che gli altri escludono dal gioco, la maestra, il genitore...
La tecnica è particolarmente efficace nel risolvere i conflitti familiari, tra genitori e figli e tra fratelli e sorelle.

> *Quando litigano per un motivo qualunque, li faccio giocare al* Facciamo finta che... *Giulio diventa Federica e viceversa: i due girano di nuovo il 'film' del loro litigio, scambiandosi i ruoli. Funziona meglio di qualsiasi sgridata e di qualsiasi ramanzina.*
> (Martina, madre di Giulio, 6 anni, e di Federica, 7 anni)

I giochi di rappresentazione sviluppano empatia, un sentimento di profondo coinvolgimento con i sentimenti degli altri: gioia, tristezza, dubbio, speranza...
Numerose ricerche dimostrano che i bambini che partecipano ai giochi di ruolo sono più sereni e collaborativi, sono disposti ad aspettare il loro turno e hanno un vocabolario più ricco dei bambini che non vi prendono parte.

Il mistero della creatività

«Mentre gioca, e forse soltanto mentre gioca, il bambino, e l'adulto, è libero di essere creativo.» Così affermava il grande psicanalista inglese Donald Woods Winnicott (1896-1971).

A chi chiedeva ad Albert Einstein come avesse potuto formulare la teoria della relatività, il grande scienziato rispondeva: «È stato un puro gioco inventivo».

La creatività, la parte più misteriosa e più preziosa dell'intelligenza, non ha regole, non può essere insegnata.
È possibile però offrire ai bambini l'occasione per stimolarla.

Il gioco creativo

Lo sbocco naturale del *Facciamo finta che...*, in cui i piccoli imitano quello che vedono e, anche quando rappresentano qualcuno, si limitano a ripetere ciò che hanno sperimentato, è il gioco creativo.
Fa la sua comparsa solo verso i 6 anni e segna un salto di qualità nello sviluppo intellettivo. Componendo insieme i frammenti di realtà che conoscono, i bambini creano qualcosa di inedito: una storia, un disegno, uno spettacolo di burattini.
Ed è questo che permette di passare dal *pensiero verticale*, che consiste nell'applicazione di schemi rigidi e consolidati di ragionamento, legati ad abitudini, routine, esperienze, al *pensiero laterale* o *divergente*.

- Il primo ha un modo sistematico e sequenziale di procedere: lo si può associare all'immagine della salita di una scala, un gradino sopra l'altro, un passo dopo l'altro.
- Il secondo invece, spiega Edward De Bono, medico e psicologo inglese, che nel 1967 coniò il termine *pensiero laterale*, «permette di passare da uno schema di ragionamento all'altro, di guardare i problemi in modo nuovo, di muoversi in direzioni non esplorate e non considerate, di aggirare gli ostacoli, di assumere una nuova prospettiva, di esaminare tutte le alternative, di rompere forme di ragionamento rigide e familiari».

Racconta Adina Rathner, del Centro Feuerstein: «Durante una riunione, un genitore mi chiese come si fa a stimolare la creatività nei bambini. Gli risposi: 'Prendi un oggetto qualsiasi, come un bicchiere. E prova a immaginare tutto quello che puoi farci. Non solo bere, ma anche infilarci dentro il naso e fare Pinocchio, disegnarci un cerchio su un foglio, metterci dentro le penne, riempirlo d'acqua e farci galleggiare le bucce di limone, farlo rotolare, usarlo come piedistallo...' Chi ha detto che un bicchiere serve solo per bere?»

Lasciati a se stessi, senza l'ingombrante presenza degli adulti, i bambini hanno risorse illimitate.
Il nostro compito è soltanto quello di creare le premesse perché il miracolo avvenga, fornendo loro momenti di gioco non strutturati, come i blocchi per le costruzioni, il disegno libero, la pittura, proponendo di inventarsi una recita, una fiaba o filastrocche strampalate, ironiche e assurde come un sogno...

Approfittando dei lunghi viaggi in automobile, cominciamo con lo spegnere la radio o la musica e recitiamo una filastrocca, lasciando poi ai bambini l'iniziativa di continuare il gioco.

I giochi 'intelligenti'...

Dopo avere ascoltato una conferenza sull'importanza di stimolare l'intelligenza dei bambini, presa dall'entusiasmo del neofita, Marina decide di iniziare da subito la 'stimolazione intellettiva' del suo piccolo Luca, di un anno e mezzo, come aveva raccomandato il conferenziere.
Entra in un negozio che vende giocattoli 'intelligenti' e, dopo un'ora di tentennamenti, decide di comprare un barattolo sul cui coperchio sono state praticate delle aperture a forma di stella, di banana e di poligoni irregolari, corrispondenti ad altrettanti solidi della stessa forma allegati alla confezione. Nel sentire il prezzo, però, rimane stordita.
«L'obiettivo», si affretta a rincuorarla la zelante commessa, «è di assicurarsi che il bambino abbia interiorizzato l'immagine mentale dell'oggetto.»
Marina non si era mai posta il problema.

'E se Luca non avesse interiorizzato l'immagine mentale?', si domanda, sborsando la cifra.
Arrivata a casa, non vede l'ora di verificare se il bambino abbia quell'elusiva immagine mentale. Apre il pacco, rovescia sul pavimento le stelle, le banane e gli altri pezzi, mostrando a Luca come infilarli nei buchi. Poi si mette seduta sul pavimento per vedere come se la cava. Dopo aver trafficato un po' per infilare la banana, Luca si stufa, toglie il coperchio al barattolo e, in un baleno, rimette dentro tutti i pezzi. Guarda poi con occhi trionfanti la mamma, come per dire: «Vedi come è facile?» e, saltellando su un solo piede, torna a giocare con la spada che gli aveva regalato il papà.

Marina scoppia a ridere, ma le rimane un dubbio: il bambino avrà veramente capito lo scopo del gioco? L'aver tolto il coperchio per mettere dentro i pezzi è segno di intelligenza, oppure di impulsività e di insofferenza per le frustrazioni? Sono veramente necessari i giocattoli intelligenti, o bastano invece i giochi che i bambini si sono sempre inventati da soli? Ma, soprattutto, si domanda: possono i giochi, per intelligenti che siano, servire a sviluppare la tanto decantata 'immagine mentale'?

Gli scienziati hanno scoperto che, durante il gioco, tutte le aree del cervello del bambino sono stimolate: non solo l'emisfero destro, sede dei processi di sintesi, della percezione delle immagini, delle intuizioni, della gestione dello spazio, dell'emotività e dell'affettività, ma anche l'emisfero sinistro, che presiede al linguaggio, al calcolo e al pensiero logico-matematico, e cioè razionale.

A questo scopo, non è necessario ricorrere ai cosiddetti *giochi intelligenti.* Nel porsi l'obiettivo di sviluppare una data abilità nel bambino, infatti, questi giochi rischiano di mancare delle caratteristiche più preziose: la spontaneità, la complessità, l'imprevedibilità e la creatività.

«Giocare soltanto per giocare è uno dei diritti fondamentali del bambino, ed è qualcosa di cui al giorno d'oggi, con la mania dei giochi intelligenti, si sta derubando l'infanzia», avverte il grande pediatra americano Berry T. Brazelton.

I giochi tradizionali, anche quelli più semplici, come l'universale *Gioco del cucù*, sono essenzialmente 'intelligenti': servono a sviluppare le strutture fondamentali del pensiero astratto.

...e i giochi tradizionali

«Dov'è il papà?» chiede nascondendosi dietro lo stipite.
Federico, quasi 2 anni, si guarda attorno disorientato, cerca di mantenere l'equilibrio sulle sue gambette instabili mentre lo assale l'angoscia di aver perso il papà. «Cucù!», grida il papà saltando fuori all'improvviso, e scatena inarrestabili risate.
La scena si ripete, decine di volte, giorno dopo giorno, senza che Federico si stanchi.

Perché questo gioco, dall'Alaska al Camerun, ha un fascino irresistibile? «Con il *Gioco del cucù*», scrive A. Meltzoff, «il bambino acquisice l'immagine mentale di un oggetto, capisce cioè che l'oggetto non cessa di esistere anche se non è più presente nel suo campo visivo. Per arrivare a questa conclusione, per nulla facile né scontata, il bambino segue lo stesso processo che gli scienziati adottano nel verificare un'ipotesi: osserva, si pone una domanda, formula un'ipotesi, la verifica e valuta i dati.» Vediamo come avvengono queste tappe.

- Il bambino *osserva* il papà che scompare, e si pone una *domanda*: dove sarà?
- *Formula poi un'ipotesi*: il papà non c'è più, o forse tornerà a farsi vedere?
- La *verifica* ripetendo decine di volte il gioco per controllare che appaia ogni volta; *valuta l'evidenza*: devo convincermi che il papà tornerà sempre? E ripete tutto questo processo fino a quando arriva alla conclusione che un oggetto, pur non essendo presente davanti ai suoi occhi, può tuttavia continuare a esistere.

Non è un processo di breve durata: il bambino ha bisogno di centinaia di osservazioni e conferme prima di arrivare a essere certo della sua conclusione.

Ti ricordi la notte delle stelle cadenti?

ovvero La mediazione della memoria e del ricordo

Se andiamo indietro nei ricordi d'infanzia, quali sono le nostre memorie? La magia della notte delle stelle cadenti in estate, uscire la sera in bicicletta con il papà, seduti sulla canna, con il vento tra i capelli, la sgridata della mamma di fronte all'*insufficiente* sul compito in classe, l'incanto del primo concerto cui abbiamo assistito...

Lo sapevano gli antichi. La parola 'ricordare' viene dal latino *recordare,* letteralmente *riportare al cuore,* poiché *cordi* in latino significa 'al cuore'. Ancora oggi, gli inglesi e i francesi per dire 'memorizzare' usano le espressioni *learn by heart* e *apprendre par coeur*: 'imparare con il cuore'.

«La memoria non è meccanica rievocazione del passato,» spiega Reuven Feuerstein, «ma *interpretazione* di questo alla luce dello stato d'animo presente. Attingendo al passato, la mente non separa i fatti dall'interpretazione, perché la memoria non è un deposito di dati, ma di vissuti di natura composita, basati su esperienze, relazioni, emozioni. L'affermazione di colui che dice: '*Io ricordo*' rappresenta, sul piano psicologico, la possibilità da parte della coscienza di visitare il passato e di anticipare il futuro.»

Perché il primo amore non si scorda mai

Ci siamo mai chiesti perché diciamo che un colore è chiassoso, una voce è mielosa, una musica è brillante?
Perché per definire un colore ricorriamo a termini che si riferiscono all'udito, come *chiassoso*, e per descrivere un tono ci riferiamo al senso del gusto, *mieloso*?
La memoria non consiste unicamente di ricordi verbali. Si basa sulla cooperazione parallela e complementare dei sensi.

Il primo ricordo

Secondo ricerche basate sullo studio delle ecografie, il feto inizia a ricordare ancora prima di aprire gli occhi al mondo.

- Alla quarta settimana di vita è in grado di ricordare uno stimolo fino a un massimo di 24 ore.
- Dopo la nascita, a 6 settimane, la sua memoria non è aumentata.
- Compiuti i 16 mesi, ricorda ciò che ha imparato 4 mesi prima.

Non è vero quindi che «*tanto non capisce*». Sicuramente, ricorda!

Ci ricordiamo dei colori, dei suoni, delle immagini, dei sapori e, soprattutto, delle emozioni che abbiamo provato.
Perché si dice: «*Il primo amore non si scorda mai?*» Per il semplice fatto che è una memoria legata a una fortissima emozione che ha coinvolto tutti i nostri sensi. Di lui, o lei, ricordiamo ancora il vestito che indossava, il suo profumo, il colore degli occhi, la sensazione e il sapore della sua pelle.

Stimolare la memoria non significa quindi costringere i bambini a ripetere aridi esercizi mnemonici, ma far provare emozioni totali, sapori, colori, suoni, profumi, movenze, forme e passioni della vita.

Saranno questi ricordi a regalare loro la sicurezza emotiva necessaria per osare, esplorare e inventare, l'energia per affrontare le difficoltà, la tenacia necessaria a spuntarla in qualsiasi traguardo si propongano.

Memorie e sicurezze emotive

Prendiamo, per esempio, la festa del Natale. Davanti all'albero addobbato o al presepe, i bambini restano incantati.
Come per magia è comparsa in casa la scena fatata: le luci, i riflessi ar-

gentei, la musica gentile del carillon, e quel bimbetto seminudo davanti al quale tutti si inginocchiano perché è lui, così piccolo e indifeso, che porta la pace nel mondo.
Inoltre, i regali, i dolci, la gioia, le feste, i pranzi sontuosi, gli zii e le zie, e parenti mai visti...

Chi da piccolo ha vissuto l'esperienza 'magica' del Natale difficilmente la dimentica.
E anche quando, da adulto, non dovesse più accettare il significato strettamente religioso della festa, rimane il messaggio: Natale è un tempo di riappacificazione, di speranza in un futuro diverso.

Osserva Reuven Feuerstein: «Nelle società tradizionali ogni momento della vita assume un significato simbolico, rimanda a un contenuto che lo trascende, è carico di emozioni (canti, sapori, profumi, immagini) che garantiscono che il messaggio non sia dimenticato. I popoli che perdono le loro feste, i loro rituali, i loro simboli, perdono caratteristiche peculiari, spariscono come cultura, sopravvivono come gruppi di individui isolati, senza tradizioni e senza identità».

Osserva a questo proposito, il filosofo francese Bernard-Henry Levy: «I periodi più bui della nostra storia sono legati alla diffidenza nei confronti della tradizione... La gente inizia a rendersi conto che il rifiutarsi di trasmettere valori è alla base di qualsiasi totalitarismo».

Oggi, sempre meno, il ritmo della vita è scandito da feste, ricorrenze, riti collettivi, e sta a noi sostituirli con riti familiari, come il bacio della buonanotte, la gita al lago, il pranzo domenicale, le sorprese, ma anche la visita a una persona malata.

I bambini si abituano così ad ascoltare un 'orologio interiore' che li aiuta a mettere ordine nella loro vita e in se stessi.

«Se non trasmettiamo ai bambini il significato di ciò che facciamo,» spiega Reuven Feuerstein, «si produce una rottura nel passaggio dei valori familiari: nei bambini si crea un vuoto che li porta a vagare senza meta e a sentirsi sopraffatti da un senso di alienazione.»

Un'emozione è più forte di qualsiasi insegnamento

Nel libro *Come insegnare l'intelligenza*, pubblicato da red edizioni in questa stessa collana, abbiamo scritto: «La radice delle difficoltà di apprendimento risiede spesso nella povertà delle emozioni che genitori e figli vivono insieme».
Il bambino non conosce il mondo attraverso i *concetti*, come l'adulto, ma attraverso le *emozioni* e l'*affetto*. Per fargli capire un'idea, per farlo progredire, bisogna saper suscitare in lui queste emozioni positive. Sarà più facile che capisca la luce e il buio guardando le candeline dell'albero di Natale e sentendo la gioia del momento, piuttosto che ascoltando le nostre spiegazioni.
Non basta insegnare, bisogna *far sentire* le cose. E le persone ideali per questo compito sono i genitori e gli insegnanti, assai più che gli specialisti.
Far partecipare i nostri figli ai significati culturali, simbolici, affettivi degli oggetti che ci circondano e delle azioni di ogni giorno è di grande importanza, per tre ragioni.

1. Il bambino sviluppa la tendenza a ricercare il significato delle cose, a ricercare un senso in quello che fa. Non chiederà solo: «*Che cos'è?*», ma anche: «*Che cosa vuol dire?*» «*Di chi è?*» «*Ci sei affezionato?*» «*Da dove viene?*»
2. Nello sforzo di attribuire un significato a un oggetto, sviluppa la capacità di esprimersi verbalmente e di manifestare le proprie emozioni.
3. Il bambino sviluppa la capacità di astrazione. Sull'onda del racconto di storie passate, è trasportato in un luogo e un tempo che può vedere solo con la sua immaginazione. Ricompone così la realtà in modo diverso da quella che conosce, e compie i suoi primi passi nel campo dell'astrazione.

Per questo, quando comunichiamo con un bambino, è importante colorare il nostro discorso con aggettivi che esprimano il nostro giudizio o le nostre emozioni: *bello, brutto, allegro, triste, formidabile, interessante*. Gli aggettivi, le esperienze, i fenomeni che sono intorno a noi hanno un significato emotivo, affettivo, sociale, culturale, religioso o simbolico. Non esistono esperienze, oggetti, eventi neutrali. Sono tutti carichi di significati. Un matrimonio, una festa popolare in piazza, un concerto sono, per un bambino, occasione di grande arricchimento. Ma anche semplici riti familiari come, per esempio, collocare un fiore in un vaso davanti alla foto del nonno, oppure il pranzo festivo con la tovaglia più bella, sollecitano l'espressione dell'affettività, suscitano emozioni, sviluppano relazioni sociali.

Non si tratta solo di spiegare il significato che per noi hanno le nostre azioni, ma di aiutare il bambino a trovare un senso per se stesso, in modo che assorba *un'esigenza di dare un significato alle cose che fa*. Ogni tanto, proviamo a chiedergli:
«*Io penso che fare così sia bene, tu che cosa ne pensi?*»

Perché le donne ricordano di più

In un esperimento condotto dallo psicologo americano Turhan Canli per la National Academy of Sciences, di Washington, furono mostrate per tre secondi delle fotografie a due gruppi, uno di donne e uno di uomini, chiedendo loro di classificarle da *emotivamente non intense* a *emotivamente molto intense.*

Attraverso la risonanza magnetica, mentre i due gruppi osservavano le fotografie, gli scienziati misuravano il flusso del sangue al cervello, quale segno di una maggiore o minore reazione emotiva.

Il tracciato cerebrale mostrò che le donne reagivano in modo molto più emotivo. La foto di una pistola, per esempio, era stata giudicata *non intensa* dagli uomini e *molto intensa* dalle donne.

Ai due gruppi, 3 settimane dopo, fu chiesto di riconoscere, tra centinaia di foto, quelle che già avevano visto in precedenza. E proprio perché più coinvolte dal punto di vista emotivo, le donne riuscirono a riconoscere le foto già viste in modo nettamente superiore rispetto agli uomini.

La capacità di ricordare le emozioni ha però qualche svantaggio. Secondo uno studio condotto da Diane Halpern, direttore del Berger Institute for Work, Family and Children in California, la maggiore emotività delle donne spiegherebbe anche la loro infallibile memoria nel ricordarsi le scappatelle dei mariti!

Otto strade per dare un significato ai suoi ricordi

1. Regalare emozioni

Siamo seduti comodamente in salotto, e vogliamo che il bambino ci porti un cioccolatino.
Possiamo dire semplicemente: «*Per favore, portami un cioccolatino*».
Oppure: «*Per favore, portami un cioccolatino, di quelli che ci ha regalato la zia*».
Aggiungere la frase «*di quelli che ci ha regalato la zia*» non richiede un grande sforzo. Il costo, in termini di fatica, è per noi minimo. Ma, collegando il cioccolatino al ricordo della zia, coloriamo questo gesto di emozioni. Il bambino pensa alla zia, sa che ci ha fatto un regalo, si rende conto che la zia è stata gentile con noi ed è indotto a pensare che ogniqualvolta doniamo qualcosa, rafforziamo il nostro legame con quella persona...
La semplice richiesta di portare un cioccolatino arricchisce così di valori un'azione apparentemente insignificante: il gesto si trasforma in un'occasione per 'dare un significato al mondo'.
E dare un significato al mondo è l'attività precipua dell'intelligenza.

Ancora prima che il bambino parli, possiamo dare un significato alle sue azioni, comunicare affetto, emozioni e credenze per vie non-verbali, esprimendo gioia, stupore, meraviglia, ma anche tristezza o paura di fronte ai suoi comportamenti.

«La trasmissione del significato è il motivo che spinge il bambino a cooperare con noi, ma anche la ragione per cui noi vogliamo interagire con lui», spiega Reuven Feuerstein.

2. Coinvolgere tutti i sensi

Da piccoli i miei figli volevano soltanto merendine al cioccolato, piene di grassi e zuccheri. Una domenica pomeriggio li chiamai a rapporto, allineai sul tavolo della cucina alcune delle merendine incriminate e una serie di tavolette di cioccolato di ottima qualità, contenenti percentuali crescenti di cacao dal 45% all'85%.
Iniziammo quello che mio marito chiamò 'il percorso mistico del

cioccolato': un minuscolo assaggio di ogni cosa, iniziando dalle merendine più adulterate per finire alla tavoletta con la percentuale di cacao più alta. Si convinsero da soli. E ancora adesso, che sono grandi, ricordano l'emozione del 'percorso mistico'.
(Fiorenza, mamma di Francesco, 20 anni, e di Maria, 18)

Al ricordo contribuiscono tutti i sensi. Se l'esperienza che proviamo coinvolge non solo gli occhi, ma anche il palato, l'udito o il tatto, verrà ricordata più a lungo, e con maggiore facilità. Quante volte, nel sentire un motivo musicale, apparentemente dimenticato, ci sentiamo riportati anni indietro, al momento in cui l'abbiamo ascoltato per la prima volta? Ogni particolare, ogni sensazione che abbiamo provato allora riaffiora alla memoria con struggente nostalgia.

3. *Stabilire abitudini*

Se pensiamo a come abbiamo imparato a guidare l'automobile, ci rendiamo conto che non l'abbiamo fatto studiando a memoria un manuale, ma ripetendo centinaia di volte gli stessi gesti.

«È più facile che un bambino acquisisca una nuova abilità con brevi sessioni di insegnamento ripetute piuttosto che in un'unica sessione della stessa durata», scrive la psicologa Carolyn Rovee-Collier della Rutgers University del New Jersey, negli Stati Uniti. «Stabilire routine giornaliere sviluppa la memoria.»

La ripetizione delle stesse routine dà sicurezza, elimina l'ansia, favorisce la prefigurazione di quanto deve accadere, tutti elementi che favoriscono il ricordo.
Noi stessi, se passiamo un periodo molto agitato, con continui cambiamenti di programma, ci accorgiamo che tendiamo a dimenticare molto di più del solito.

4. *Anticipare ciò che succede*

Domani zia Anna deve fare 'trasloco'. Io so che cos'è. Mettono la tua roba in un camion e rompono i bicchieri.
(Fiorella, 4 anni)

Secondo numerosi studi condotti dai ricercatori americani C.A. Haden, R.A. Haine, R. Fivush ed E. Reese, i genitori che 'raccontano' ai figli quanto sta per accadere loro, o ciò che è successo, li aiutano a rafforzare la memoria.

Dai primi risultati di alcuni esperimenti, sembra che i bambini riescano a ricordare più facilmente quando mettiamo in risalto gli aspetti innovativi dell'esperienza che devono affrontare, come per esempio un viaggio, un campeggio, un nuovo gioco, stabilendo una relazione con quanto già sanno o hanno già sperimentato.

5. *Farsi raccontare*

«Hai mangiato la merenda?»
«Ti sei lavato i denti?»
«Hai litigato con Giorgio? E con Ludovico?»
«Hai sudato, correndo per strada?»

In genere abbiamo la tendenza a salutare l'arrivo dei nostri figli con una raffica di domande.

Non si aspetta nemmeno la risposta. Si sa già com'è andata. E dato che le domande sono non solo retoriche, ma inquisitorie, il piccolo malcapitato fa spallucce, lascia la cartella sul pavimento e accende la televisione.
Un'occasione persa, perché il bambino ha bisogno di parlare per mettere ordine nei suoi pensieri e collocare gli avvenimenti della giornata nel racconto della sua vita.

Una volta il giorno, ritagliamoci un momento privilegiato durante il quale ascoltiamo quanto ha da raccontarci, anche per telefono. Il ritorno da scuola spesso è il meno adatto: il bambino è stanco, e dal suo inconscio non ha ancora fatto emergere sensazioni, interrogativi, delusioni e speranze.
Un momento magico è, per esempio, prima di addormentarsi. Gli servirà a tirare fuori da sé tutto ciò che lo agita, mettere ordine nei suoi pensieri, aggiornare i suoi ricordi e prepararsi per il viaggio della notte.

6. *Proporre associazioni*

«Ho incontrato quel tale a Pavia, in una trattoria vicino al Duomo... Ero con zio Giulio, me l'aveva presentato come un collega della ditta dove lavorava, la...la...Fi... Fivre! Ah! Ecco! Ffff... Fiorenzo! Si chiamava Fiorenzo!»

Se analizziamo le operazioni che si compiono quando ci si sforza di ricordare un nome o un evento, ci accorgiamo che si cerca un qualsiasi appiglio, che sia attinente a quanto vogliamo portare alla memoria e che ci aiuti a rintracciare ciò che si è dimenticato.

7. *Stabilire collegamenti*

A casa mia, ogni giorno, a tavola era una battaglia.
«Ma perché non possiamo bere le bibite durante i pasti?» domandavano i bambini.
«Contengono troppi zuccheri!» rispondevo.
«Ci fai un panino con il prosciutto cotto?»
«No! È pieno di nitrati!»
Non mi andava bene niente. Mi sentivo un verme: da una parte volevo dare ai miei figli alimenti sani, dall'altra mi rendevo conto che era un 'no' continuo.
Poi ebbi un'illuminazione. Li portai con me al supermercato e, dopo avere insegnato loro a controllare gli ingredienti elencati nelle etichette li lasciai liberi di scegliere quello che volevano, tenendo conto però di alcune limitazioni.
Si azzuffarono un po'. Il più grande, con il piccolo, era peggio di me: un 'no' dopo l'altro. Ma alla fine se ne tornarono a casa con una scelta di golosità contenenti solo ingredienti naturali.
Felici loro, felice io.
(Matilde, mamma di due bambini)

Che cosa ha fatto Matilde? Non solo ha soddisfatto l'esigenza *immediata* di dare ai figli cibi sani, ma ha trasmesso loro la consapevolezza della necessità di stabilire dei criteri di scelta, da ricordare anche in altre occasioni.
In pratica, ha messo in atto quello che Reuven Feuerstein indica come uno dei criteri fondamentali della mediazione, la *trascendenza*.

Trascendere significa andare oltre l'immediato bisogno, collegando ciò che si fa con circostanze ed eventi anche lontani nel tempo e nello spazio. In tal modo i bambini acquisiscono gli strumenti per esplorare, in futuro, anche situazioni sconosciute.

8. Assegnare lo svolgimento di un compito

Avere la responsabilità di svolgere un compito, se pur modesto, in modo continuativo e autonomo, esercita la memoria, ed è il primo passo verso lo sviluppo del pensiero astratto. A prima vista può sembrare un'affermazione paradossale. Ma vediamo che cosa significa. Supponiamo di chiedere a un bambino di apparecchiare la tavola. Per farlo, dovrà porsi una serie di domande mettendo in atto complesse operazioni mentali che presuppongono la capacità di fare ordine nei propri ricordi.

- «*Per ogni posto, quante posate, e quanti tovaglioli e piatti e bicchieri dovrò preparare?*»

Il bambino deve stabilire una corrispondenza tra il numero dei piatti e quello delle posate, dei bicchieri, dei tovaglioli: deve cioè ricorrere al concetto di *relazione*.

- «*Porto prima i piatti e poi i tovaglioli o viceversa?*»

Il bambino si pone il problema della *sequenza* nello svolgimento di un'azione.

- «*Sono sistemati al posto giusto?*»

Il bambino utilizza la sua *capacità comparativa,* mette in atto cioè una serie di confronti relativi alle distanze tra un posto e l'altro, tra il piatto, le posate e i bicchieri.

- «*Che cosa manca?*»

Prende l'abitudine di controllare l'esecuzione di un compito, sviluppando così il concetto di *verifica*.

Ripetendo ogni giorno questa *routine*, le operazioni mentali impiegate per l'esecuzione del compito vengono ricordate più facilmente, e diventano parte del suo patrimonio intellettivo. Quante volte, noi stessi, ci siamo accorti di avere fatto gravi errori nel nostro lavoro per non avere applicato queste quattro operazioni mentali?

Piccoli giochi per piccole memorie

Il piccolo esploratore

Prendiamo una mela e invitiamo il bambino a conoscerla da vicino.

- *A occhi aperti*, facciamogliela guardare bene, e chiediamogli di descriverne i colori e la forma.
- *A occhi chiusi*, chiediamogli di annusare la mela, di toccarla con le mani seguendone bene la forma e cercando di notare le differenze tra la superficie della buccia e del picciolo.
- Invitiamolo poi a picchiare con le dita sul frutto e ad ascoltare la diversità di suoni a seconda del punto prescelto.
- Da ultimo, diciamogli di prenderne un morso e valutarne la consistenza e il gusto.

Coinvolgendo tutti i sensi, per il bambino sarà anche più facile ricordare le parole per descrivere la forma, il sapore, il profumo e il gusto della mela.
Il gioco può essere fatto in modo meno sistematico, ma più spontaneo, una volta che, per esempio, ci si trovi attorno al tavolo per il pasto.
Abituiamo i bambini a conoscere il cibo che mangiano da tutti i possibili punti di vista; cerchiamo di insegnare loro ad apprezzarne i colori, il gusto, il profumo, la storia e le proprietà nutritive.

L'oggetto misterioso

Bendiamo gli occhi dei bambini e facciamo loro toccare un oggetto, chiedendo di raccontarne il colore, il materiale di cui è fatto, l'odore, la superficie, il suono, l'uso che se ne fa.

Indovina il percorso

Mettiamo dei fogli di carta per terra e invitiamo i bambini a osservare accuratamente la loro disposizione. Chiediamo poi di chiudere gli occhi e di camminare mettendo i piedi sui fogli, cercando di ricordare il percorso appena visto.
In alternativa, disponiamo vari oggetti sul pavimento: cuscini, sgabelli, libri... Dopo aver osservato la scena i bambini devono passare attraverso gli ostacoli senza aprire gli occhi, ma 'sentendo' la loro presenza.

La musica 'colorata'

A occhi chiusi, facciamo sentire ai bambini musiche diverse. Chiediamo di descrivere il colore, l'odore, le immagini che suscitano, e quale parte del corpo è stimolata dal suono.

Non fare domande stupide

ovvero La mediazione dell'attitudine a porsi delle domande

«*Una buona domanda non ha una risposta*», recita un antico adagio. Consolati da questo frammento di antica saggezza, potremmo essere tentati di saltare alla conclusione che, allora, non ci si deve rompere la testa nel cercare di rispondere agli inesauribili 'perché' dei nostri figli . La conclusione è, ovviamente, sbagliata.
Le *buone* domande non hanno risposta perché il loro scopo è la ricerca, il suscitare nuove idee, l'acquisizione di nuove informazioni, l'esplorazione di territori della conoscenza finora ignoti. La risposta, al contrario, cristallizza, è un fotogramma che non riesce a cogliere il movimento, la complessità, il mistero della realtà.
In genere si pensa che sia più facile fare domande che dare risposte. Ma non è così.

L'arte della domanda

L'arte della domanda è difficile e fragile. Per fare una domanda autentica si deve sapere che cosa mettere in gioco, e come.

«Ciò che ha distinto i grandi filosofi», osserva Richard J. Bernstein, professore di Filosofia presso la New School for Social Research di New York, «è la loro abilità di mettere in discussione ciò che nessuno aveva mai pensato di fare, di sfidare pregiudizi di cui la maggior parte delle persone non è consapevole, nonostante pensi siano veri.»

Aggiunge il grande matematico e filosofo inglese Bertrand Russell (1872-1970): «È vero che la filosofia non riesce come vorremmo a dare una risposta a molte questioni, ma se non altro ha la capacità di porre delle domande. E questo ci porta alle singolarità e alle meraviglie che giacciono sotto la superficie delle cose, anche di quelle più comuni della vita».

«Non ne posso più di tutti quei 'perché'...»

Non ne posso più. Dalla mattina alla sera è un continuo: «E perché? E perché? E perché?»
Non gli basta mai.
«Perché scotta?» «Perché l'acqua è calda.»
«E perché?» «Perché è stata sul fuoco.»
«E perché?» «Perché il fuoco riscalda...» «E perché?»
A questo punto non so cosa dirgli, dovrei essere un professore di Fisica. Ma lui continua con i suoi 'perché'. Alla fine della giornata mi sento come se mi avessero trapanato il cervello. Non ne posso più. Sono esausta.
Una volta gli ho urlato: «Perché è così!» Lui è stato zitto per un po', poi è scoppiato a piangere.
(Loredana, mamma di Giovanni, 4 anni)

In un determinato momento del loro sviluppo, i bambini sentono un'imperiosa necessità di fare ordine nel mondo che li circonda.
Passano dal pensiero magico, in cui non c'è un legame tra causa ed effetto, alla necessità di trovare una ragione per la sequenza degli avvenimenti.
Per questo è importante dare loro delle spiegazioni, in modo che capiscano sempre il motivo delle nostre parole e delle nostre azioni.

«Adesso abbasso il volume per non disturbare la nonna.»
«Ho acceso la luce perché il sole è tramontato ed è buio.»
«Dài, sbrigati. Ti ricordi come sei rimasto male quella volta che siamo arrivati tardi alla festa?»

Abituiamoci a farlo ancora prima che abbiano iniziato a parlare. Come abbiamo visto, i bambini percepiscono il significato del messaggio dal tono della voce, dall'espressione del viso, dall'atteggiamento del corpo.

In questo modo creano connessioni, capiscono il rapporto di causa ed effetto, collocano i vari fatti della vita in un sistema di rapporti coerenti. Sono le premesse per farne degli individui capaci di operare scelte autonome.

Botta e risposta

«Mamma, che cos'è?», chiede Sergio vedendo un verme trascinarsi a fatica sul terreno fangoso.
«È un lombrico!» si affretta a dire la mamma, contenta di aver arricchito il vocabolario del bambino di una nuova parola.

Ma è veramente così? Serve che Sergio abbia registrato nel suo cervello le tre sillabe 'lom-bri-co' e le colleghi a qualcosa che si muove sul terreno? Del lombrico non sa nulla: dove vive, come si muove, che cosa mangia, che cosa ne fanno i pescatori...

«La domanda», osserva Reuven Feuerstein, «serve per iniziare un dialogo e un'interazione.» Se forniamo al bambino una risposta già fatta, 'preconfezionata' non nasce il dialogo, e non vi è alcuno scambio. Come fare, allora, per favorirlo?

I segreti del dialogo

Ci sono due modi per utilizzare al meglio l'occasione che ci viene offerta quando il nostro bambino rivolge una domanda:

- rispondere alla domanda con un'altra domanda;
- mettersi nell'ottica di cercare la risposta insieme con lui.

Rispondere alla domanda con un'altra domanda

Torniamo al lombrico. Come possiamo continuare il dialogo, senza dare una risposta? Se manchiamo di fantasia, possiamo sempre ricorrere alla domanda buona-per-tutte-le-occasioni: «*Tu, che cosa pensi che sia?*»
«*Non lo so*», risponderà probabilmente Sergio. Ma non scoraggiamoci. Sta a noi, ogniqualvolta si arriva a un vicolo cieco, rilanciare la ricerca: «*A che cosa pensi che assomigli?*»
«*A un pennarello!*» È una risposta che spiazza: saremmo tentati di rispondere con un: «*Ma va!*» Invece, qualsiasi risposta, per assurda che possa apparire, non va snobbata.

Chiediamogli il perché, e sapremo che c'è una buona ragione che giustifica la somiglianza.
«*Ha la punta come quella di un pennarello*», spiega Sergio.
«*Allora, lo puoi prendere e portarlo a casa per fare i disegni?*»
«*Nooo!*» protesta Sergio.
«*Però sarebbe buffo avere l'astuccio dei pennarelli pieno di vermicelli colorati!*» rilancia la mamma, e Sergio inizia a fantasticare...

Cercare la risposta insieme con il bambino

Non si deve aver fretta di dare risposte. Le domande dei bambini sono occasioni che non vanno sprecate. Il fatto stesso che pongano una domanda dimostra che sono attenti, interessati, desiderosi di esplorare un territorio sconosciuto.

Le due vie della conoscenza

Quale tipo di domande possiamo porre a un bambino per continuare insieme la ricerca?
Le strade sono due: la via *socratica* e la via *talmudica.*

La domanda socratica

Socrate, il filosofo greco vissuto tra il 469 e il 399 a.C., divenne celebre per il suo insegnamento. Dedito a stimolare negli altri l'interesse per la ricerca, faceva riconoscere all'allievo la propria ignoranza e additava, attraverso una serie di domande mirate, la via che conduceva alla risposta valida.
La domanda socratica ha lo scopo di portare a una conclusione ben chiara e precisa.

Ritorniamo al caso di Sergio e del lombrico. Se, per esempio, vogliamo che il bambino sappia che è un verme simile a quelli che si trovano sulle piante del giardino di casa, cominceremo a fare domande per indirizzarlo verso questa direzione.
Gli chiederemo se si ricorda di aver visto altri animaletti simili e, di domanda in domanda, riusciremo a fargli ricordare il bruco che man-

gia le foglie della rosa. Potremo poi spiegargli che il lombrico e il bruco appartengono alla stessa famiglia dei vermi.
Nulla di male. Salvo che non gli permettiamo di vagare dove la sua curiosità lo porterebbe.

«La domanda socratica è caratterizzata da una finta, ironica innocenza che serve a minare la fragile sicurezza dell'allievo... portandolo a confessare la sua ignoranza e ad accettare le conclusioni del maestro», scrive Shmuel Feuerstein, fratello minore del più celebre Reuven, nel suo libro *Biblical and Talmudic Antecedents of Mediated Learning Experience Theory* (Antecedenti biblici e talmudici alla teoria dell'esperienza di apprendimento mediatizzato). «Se la risposta non lo soddisfa, il maestro socratico manifesta esplicitamente il suo scontento, non perché la risposta non sia corretta, ma perché non è quella che voleva ottenere...»
Se ci mettiamo nell'ottica della domanda socratica, quando Sergio dice che il lombrico assomiglia a un pennarello, anziché incoraggiarlo a spiegarci il perché, ci affretteremmo a riportarlo sul sentiero che a noi interessa con una domanda del tipo: «*Pensi che un pennarello si possa muovere?*» Oppure negheremmo la sua affermazione: «*Ma i pennarelli non si muovono!*»
Chiuderemmo così la ricerca, perché non va nella direzione in cui avremmo voluto che andasse.

La domanda talmudica

Pur non escludendo affatto il ricorso alla domanda socratica, Reuven Feuerstein ritiene che la domanda talmudica sia fondamentale per stimolare la ricerca.
Contrariamente alla domanda socratica, che conduce a una risposta predefinita, quella talmudica è una domanda aperta: né l'alunno, né il maestro sanno dove porterà. Da millenni viene praticata nello studio del *Talmud*, il libro che raccoglie gli insegnamenti orali e i commenti che nel corso dei secoli sono stati fatti sul testo ebraico della *Bibbia*.
Poiché le lettere dell'alfabeto ebraico sono contemporaneamente ideogrammi (per esempio la *alef*, la prima lettera, rappresenta le corna stilizzate di un toro), segni grafici (si pronuncia *a*, *e*, *i* oppure *u*, a

seconda del contesto) e simboli numerici (vale 1), le possibilità di lettura si moltiplicano a dismisura. Sta a noi scoprire le letture infinite del testo, arricchendolo di nuovi significati che si aggiungono, senza contrapporsi, alle interpretazioni precedenti.
Lo strumento privilegiato per arrivare allo scopo è, appunto, la domanda, e il suo valore è tanto maggiore quanto più apre la strada ad altre domande.

Obiettivo del maestro è di rendere il proprio alunno un pensatore indipendente, capace di analizzare e organizzare il testo, scoprendone la struttura letteraria, le contraddizioni, la coerenza storica, la validità o meno dei commenti precedenti. Dalla ricerca, lo studente esce rafforzato, perché si sente parte di un processo che non solo arricchisce se stesso, ma è anche un'occasione di apprendimento per il suo maestro: ha la sensazione di incamminarsi insieme con lui verso nuovi e più vasti orizzonti. Non deve, infatti, seguire pedantemente un percorso già tracciato, costretto a tentare, come nel caso della domanda socratica, tutti i vicoli ciechi di un labirinto prima di trovare l'unica uscita che gli è permessa.

Il maestro e l'alunno imparano insieme, insieme ricercano nuovi significati, nuove sfumature, nuovi approfondimenti. Le domande, e nella tradizione talmudica ve ne sono almeno 20 forme diverse, sono autentiche sfide, e non accorgimenti dialettici per spingere l'alunno a trovare la risposta già fatta.

Nella ricerca, si stimola il dubbio, il pensiero ipotetico e divergente: «*Che cosa sarebbe successo se Abramo si fosse rifiutato di lasciare la sua casa?*» Oppure: «*Perché, nel racconto biblico della* Creazione, *il Signore crea prima la luce e poi il sole?*» «*Perché, nelle* Scritture, *il Signore dice:* 'Ricordati e non dimenticare'*? Non sarebbe stato sufficiente usare una delle due espressioni?*»
Ogni parola viene soppesata, analizzata, vivisezionata, per estrarne tutti i possibili significati e connotazioni.

Inoltre, ciascun episodio è preso in considerazione dal punto di vista di tutti i protagonisti. In alcuni casi si valuta perfino quello degli

animali: in una celebre discussione si racconta il caso di un asino carico di merce che, passando attraverso un sentiero molto stretto, urta contro un muretto e lo danneggia.
«*Chi deve pagare il danno?*» domandano i maestri a bambini di 7-8 anni: il padrone dell'asino, il padrone del muretto, il padrone della strada, la persona verso cui l'asino era diretto con il suo carico o quella che lo ha inviato? Oppure lo stesso asino?... E, per ogni risposta, si ascoltano decine di argomentazioni.

Quanti modi per rispondere

Sarebbe ingenuo pensare che si possa adottare, da un giorno all'altro, una tecnica di indagine che ha richiesto millenni per svilupparsi.
Tuttavia possiamo tentare di applicare il principio che ne è alla base: nel rivolgere le domande ai nostri bambini mettiamo in secondo piano i nostri propositi didattici, resistiamo all'ansia di correggere, di fornire la risposta giusta e unica, vuotiamo invece la mente da qualsiasi preconcetto e mettiamoci insieme con loro a trovare non *il modo*, ma *i modi* con cui si potrebbe rispondere.

Una premessa indispensabile per stabilire un autentico dialogo con i bambini è mettersi sinceramente in ascolto, prendendo cioè in considerazione la possibilità che alcune delle opinioni e delle credenze cui siamo più attaccati possano essere messe in discussione.
In tal modo, oltre a favorire un autentico dialogo con i nostri figli, forniremo loro anche un modello da imitare: a loro volta saranno disposti all'ascolto.

Sei strategie per favorire l'autonomia del pensiero

1. *Non mettere in imbarazzo*

Se siamo perplessi o sorpresi dalle domande o dalle risposte dei bambini, evitiamo di chiudere il dialogo, criticandoli.
Consideriamo invece questa nostra perplessità come un'occasione per conoscerli meglio.

Anziché sgridarli oppure somministrare saccentemente una lezione, cerchiamo di capire il perché del loro atteggiamento, le ragioni del loro comportamento.
Chiediamo di spiegarci i motivi che li hanno portati a fare un'affermazione o a tirare una conclusione. Spesso, con nostra sorpresa, scopriremo che vi è una buona ragione per quanto hanno detto.

Quando sono in difficoltà, davanti ad amici o parenti, o quando siamo sicuri che non sappiano come rispondere, evitiamo di metterli in imbarazzo con le nostre domande. Perderebbero la fiducia in noi, e si chiuderebbero in se stessi.

2. *Fare domande 'aperte'*

Senza che ce ne accorgiamo, spesso le nostre domande sono retoriche, affermazioni che finiscono con un punto interrogativo, ma che esprimono chiaramente quanto abbiamo già pensato o deciso.

«Pensi forse di poter mettere tutti i tuoi giochi in un sacchetto così piccolo?»
«Non crederai mica che le uova siano fatte in fabbrica?»

Impediscono al bambino di porsi autentici interrogativi, inducono in lui un senso di inferiorità, lo fanno sentire incompetente.
Usiamo invece la domanda aperta per aprire o proseguire un dialogo.

«Mamma, non mi piace la mia stanza!»
«Come pensi di poterla rendere più accogliente?»

«Papà, mi annoio...»
«Supponi di poter fare tutto, ma proprio tutto, quello che vuoi. Che cosa ti piacerebbe fare?»

«Il compito di matematica era durissimo!»
«Perché lo hai trovato difficile? Era troppo lungo? Le domande non erano chiare? O c'erano problemi che non avevi mai affrontato?»

Di fronte a diverse alternative reali, il bambino troverà sicuramente più facile fare chiarezza.

3. *Trasformare le certezze in domande*

Molte volte i bambini hanno solo certezze. Isolano un elemento della realtà e ne fanno un assoluto.

«Il gelato con la panna è il più buono del mondo.»
«Tutti i maschi fanno schifo!»
«Noi italiani siamo i più bravi a giocare a pallone.»

Piuttosto che ricorrere subito a una stroncatura, prendiamo le sue dichiarazioni e trasformiamole in domande: *«Perché dici che il gelato alla panna è il più buono?»*
Il semplice fatto di aggiungere un punto interrogativo alla fine della frase invita il bambino a riflettere, a cercare un motivo per la sua affermazione, a farsi sfiorare dal dubbio che quanto ha affermato possa non essere condiviso da altri.

«Imparare l'abilità tecnica è meno importante che imparare la flessibilità e la capacità di mettersi in ottiche diverse da quella cui siamo abituati, culturalmente, per pigrizia, per interesse, per egoismo... » avverte Reuven Feuerstein.

4. *Proporre il 'Gioco del giornalista'*

Papà, se nasce un'altra volta, fa il giornalista, e sa lui cosa domandare. Invece quelli parlano, parlano...
(Martino, 8 anni)

I giornalisti di lingua inglese, per ricordarsi tutto quello che devono scrivere per raccontare compiutamente un accaduto, si riferiscono alla regola delle cinque **W**: «***W**ho, **W**hen, **W**here, **W**hat, **W**hy*».

La traduzione in italiano non riesce a mantenere la stessa iniziale per ciascuna domanda, è più difficile da ricordare, ma fornisce comunque una buona cornice per inquadrare gli avvenimenti: «*Chi? Quando? Dove? Che cosa? Perché?*» Quando i nostri bambini si accingono a raccontare un accaduto, suggeriamo loro di porsi, possibilmente nello stesso ordine, queste cinque domande.

Facciamo con loro il *Gioco del giornalista*, proponendo di risolvere un piccolo mistero: «*Come mai sono sparite le caramelle?*», oppure facciamoci raccontare una loro avventura o una storia che hanno sentito, esigendo che tengano presenti le cinque domande.

Arrivati al *Why*, *Perché?*, forniamo loro le parole necessarie a descrivere tutte le sfumature della motivazione: «*perché, poiché, allo scopo di, a seguito di, come conseguenza del, in occasione del...*»

5. *Esercitare la capacità di scelta*

Scegliere significa valutare, confrontare, decidere. Fin da piccoli possiamo esercitare la capacità di scelta dei nostri figli mettendoli di fronte a due o tre alternative. Le occasioni sono infinite: dal colore della maglietta da indossare, al tipo di frutta da mangiare per merenda, al posto dove sedere a tavola.

Offrendo la possibilità di scegliere in modo consapevole, si evita di contrapporre il nostro punto di vista al loro, li si abitua a riflettere e si dà loro un'autonomia, anche se parziale.
È quella che gli esperti di comunicazione chiamano *l'alternativa entro ambiti precisi*.

- Non si chiede: «*Che cosa vuoi metterti oggi?*»
- Ma: «*Oggi fa freddo, bisogna coprirsi bene. Decidi tu: quale tra queste due felpe preferisci?*»

Vedendo che rispettiamo le loro decisioni, anche quando sono diverse dalle nostre, inizieranno a percepire se stessi come persone in grado di operare delle scelte autonome, e saranno più inclini a rispettare le nostre.
A questo scopo è importante che noi motiviamo le ragioni delle nostre scelte per far sì che facciano altrettanto.

«*Mi piace la maglietta blu... perché è più divertente della rossa.*»
«*Mangio i cachi... perché sono più morbidi delle mele.*»
«*Preferisco sedermi qui... perché da questo posto riesco a guardare fuori dalla finestra.*»

Valutiamo i loro pensieri, i loro sentimenti, le motivazioni che presentano per giustificare le loro scelte. Secondo il livello di maturità, concediamo loro maggiore o minore potere decisionale.
Per esempio, decidiamo l'elenco dei programmi televisivi che possono vedere, e il tempo di cui possono disporre. Entro questi limiti, lasciamo loro gestire orari e telecomando.
Nel caso un bambino sbagli, non giudichiamolo, ma interpretiamo con lui l'accaduto, facendogli vedere come spesso gli errori servano per imparare e migliorare.

6. *Stimolare a indagare sul passato*

Come si è visto, la sicurezza del bambino si fonda sui suoi ricordi, nel sapere che non viene dal nulla, che ha alle sue spalle delle tradizioni, un tesoro di esperienze e di saggezza da cui lui, inconsapevolmente, ha ereditato le proprie caratteristiche.
Ci siamo mai trovati in una galleria completamente buia? Presi dal panico, non sappiamo dove rivolgerci, perdiamo il senso dell'orientamento. Lo stesso capita al bambino, se non sa da dove viene, né dove andare. Manca di riferimenti, e di conseguenza è privo di obiettivi per il suo futuro.

Suscitiamo allora in lui la curiosità di sapere di più sulla nostra vita, su quella dei suoi nonni, sulle peripezie che abbiamo dovuto affrontare, sulle emozioni che abbiamo provato, sui valori in cui crediamo, sulle tradizioni di cui siamo portatori.
Sfogliamo insieme con lui gli album di vecchie fotografie, sollecitando le domande sul nostro passato e su quello dei nostri antenati.
Custodiamo gelosamente i riti, le tradizioni culturali, i rituali familiari. Sono le occasioni migliori per porsi domande più difficili, che vanno oltre, che non hanno una risposta definitiva, che spingono alla ricerca e alla capacità di immaginarsi il futuro donando la consapevolezza di appartenere a una tradizione che si ricollega a decine, e forse centinaia di anni.

> *La nonna mi ha detto: «Quando sarai grande, andrai con una brava ragazza». Ma dove vado?*
> (Patrizio, 5 anni)

Bibliografia

M. Cole, S. Cole *The Development of Children*, W.H. Freeman, New York.

R. Feuerstein, P.S. Klein, A.J. Tannenbaum *Mediated Learning Experience*, Freund, Londra.

R. Feuerstein, Y. Rand, M. Hoffman, R. Miller *Instrumental Enrichment: an Intervention Program for Cognitive Modifiability*, University Park Press, Baltimora.

R. Feuerstein, Y. Rand, J.E. Rynders *Non accettarmi come sono,* Sansoni, Milano.

D. Goleman, *L'intelligenza emotiva,* Rizzoli, Milano.

J. Kopciowski Camerini *L'apprendimento mediato*, La Scuola, Brescia.

N. Laniado *Come insegnare l'intelligenza ai vostri bambini,* red edizioni, Novara.

N. Laniado *Parolacce e rispostacce,* red edizioni, Novara.

Ministero della Pubblica Istruzione-Istituto per la Ricerca, la Formazione e la Documentazione (IRFED) *Nuove metodologie per la formazione, l'integrazione e lo sviluppo della persona (Sperimentazione della metodologia Feuerstein in un campione di istituti secondari superiori statali)*, a cura di Mario Di Mauro, Anicia, Roma.

A. Oliverio, *L'arte di imparare*, Rizzoli, Milano.

Indice